小学校

教師用指導資料

体育

（運動領域）

低学年

令和４年３月
スポーツ庁

指導の手引

楽しく身に付く体育の授業

目次（低学年）

小学校体育（運動領域）指導の手引
～楽しく身に付く体育の授業～

1．はじめに

本手引は、小学校の先生方を対象に、体育科の運動領域（以下、体育という。）の授業で役立ててもらうために作成しました。特に、初めて教壇に立たれた先生や、「体育の授業は少し苦手だな」と感じながらも、日々授業づくりに奮闘しておられる先生方に届けたいと思って作成しました。先生方が、できるだけ短時間で効率よく授業の準備を行うことができ、かつ学習指導要領を網羅した内容を目指したつもりです。

手引の見方は、次の項で詳細を示していますので、ここでは、体育の授業を進める上での基本的な考え方をまとめます。

2．体育って何を教える教科なんだろう？

「なぜ、体育の授業に跳び箱運動の学習があるのですか？」児童にこのように問われたら、先生方は何と答えますか？「大人になるとほとんど跳び箱運動をする機会がないのに…」という素朴な疑問がきっと児童の中にあるのだと思います。しかし、指導する先生方にも「なぜ、跳び箱の指導をする必要があるのだろう？」と疑問に思いつつ指導していては、児童の疑問に答えられないばかりか、指導の一つ一つも曖昧になりかねません。

体育の授業で跳び箱運動のアスリートを育てているわけではありません。

跳び箱運動の学習を通して、「知識及び技能」、「思考力、判断力、表現力等」、「学びに向かう力、人間性等」の資質・能力の三つの柱を育成していくことが求められます。そして、この資質・能力の三つの柱こそが、体育科の究極的な目標である、生涯にわたって心身の健康を保持増進し豊かなスポーツライフを実現するための資質・能力を指しているのです。つまり、技の完成度を高めることだけであったり、高さに挑戦することだけを目指すのではなく、「知識及び技能」の習得とともに、「思考力、判断力、表現力等」を育成し、「学びに向かう力、人間性等」を涵養することが重要なのです。この資質・能力の育成に適しているからこそ、跳び箱運動の学習が位置付けられているのです。

そして、この資質・能力の三つの柱を偏りなく育むためには、単元など内容や時間のまとまりを見通しながら、主体的・対話的で深い学びの実現に向けた授業改善が求められるのです。

3．指導と評価の一体化

資質・能力の三つの柱を育むことができているかを確認するためには、児童の姿をもとにした評価が求められます。

なお、今回の学習指導要領改訂を踏まえ、評価の観点は以下の３つに各教科等で統一されました。

・「知識・技能」

・「思考・判断・表現」

・「主体的に学習に取り組む態度」

観点の具体的な内容については、本手引の各単元を参照して頂きたいのですが、ここでは、「運動が苦手な児童への配慮」「運動に意欲的でない児童への配慮」と「評価」との関連について述べたいと思います。クラスの中には、「鉄棒は苦手だな…」「体育の授業は好きではないな…」と思う児童がいるのではないでしょうか？しかし、そういった児童に対して、「できない」「意欲的でない」とすぐに評価をしてしまっては、資質・能力の三つの柱を育成することは望めそうにありません。大切なのは、具体的な指導・支援を行うことです。その後、評価を行い、次の指導に生かしていく。このような指導と評価の一体化を図ることが、児童の確かな資質・能力の育成につながっていくのです。そのようなプロセスを本手引では具体的に示していますので、ぜひ、クラスの実態に合わせて実践してみてください。

4．安全

最後に安全について触れたいと思います。体育の授業で安全は何よりも大事です。指導者にとって細心の注意が求められます。

本手引でも安全に配慮した場の設定や、準備物を示しています。

しかし、それらはあくまでも一例であり、本手引を読まれた先生方の学級の人数や施設の広さ、また用具の劣化状況等により、適切な配慮をしながら授業に臨むことが求められます。

そのためにも、単元の学習が始まる前に、教師自身による場の設定や用具の確認を行うことが重要です。

とは言っても、担任一人が事前に全ての場づくりを行うことは、時間もかかり効率的ではありません。しかし、同じ学年の先生や、体育部の先生方と複数で行うことで、短時間で行うことができるばかりか、より安全で効果的な場づくりが行えたり、用具の確認を入念に行ったりすることができます。また、場合によっては、先生方がその場を活用してみることで、児童の困りや思いに寄り添った指導も期待できます。本手引でも安全への配慮等を具体的に示していますので、ぜひ参考にしてください。

5．おわりに

本手引のサブタイトルを「楽しく身に付く体育の授業」としました。このサブタイトルには、児童が楽しく夢中になって体育の授業に取り組む中で、今、求められている資質・能力がバランスよく身に付く体育の授業を目指してほしいという願いを込めました。

ぜひ、本手引を参考にしながら、児童にとって「楽しく身に付く体育の授業」を目指してください。

本手引においては、以下について、それぞれ略称を用いて表記しています。
・学習指導要領：小学校学習指導要領（平成 29 年告示）
・解説：小学校学習指導要領（平成 29 年告示）解説　体育編

本手引の見方

本手引は、以下のページで構成しています。

単元のページ　●単元の目標、単元の評価規準、指導と評価の計画
　　　　　　　●本時の目標と展開（①、②、③、④）
　　　　　　　●２学年にわたって取り扱う場合
資料のページ … 各領域で取り扱う運動などについて、詳しく示した資料を掲載しています。

単元の目標、単元の評価規準、指導と評価の計画

このページは、単元全体に関することを示しています。

ア

単元の目標
(1) は「知識及び技能（運動)」、(2) は「思考力、判断力、表現力等」、(3) は「学びに向かう力、人間性等」に関する目標です。

イ

単元の評価規準
例として示していますので、児童の実態等に適した評価規準を作成する際の参考としてください。

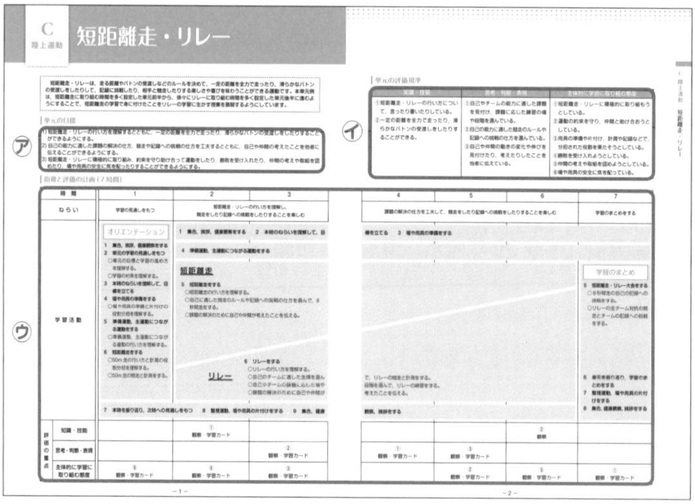

ウ

指導と評価の計画
・例として示していますので、時間数を学校の年間指導計画に合わせて修正するなどの工夫をしてください。
・「ねらい」は、学習の方向性を示しています。
・「学習活動」は、大まかに示していますので、詳しくは「本時の展開」のページで確認してください。
・「評価の重点」の丸数字は、「単元の評価規準」に示している番号です。評価方法は、「観察」と「学習カード」を示していますが、児童の実態等に応じて適切な方法を用いるようにしてください。

本時の目標と展開（①、②、③、④）

このページは、１時間の授業に関することを示しています。単元の全時間のうち、①は最初の１時間目、②は単元前半のいずれかの１時間、③は単元後半のいずれかの１時間、④は単元の最後の１時間のものです。

ア

本時の目標

本時の評価の重点にしている目標は、オレンジ色で示しています。

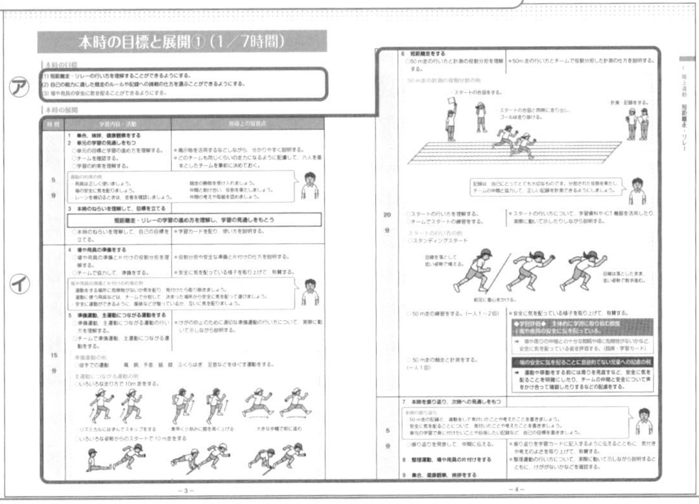
本時の目標と展開①（1／7時間）

イ

本時の展開

- 児童が行う「学習内容・活動」と、教師が行う「指導上の留意点」を分けて示しています。
- 本時の評価の重点にしている評価規準は、オレンジ色の枠で、指導における「運動が苦手な児童、運動に意欲的でない児童への配慮の例」は、紺色の枠で示しています。

２学年間にわたって取り扱う場合

本手引に示した「指導と評価の計画」や「本時の展開」などは、低学年では第２学年、中学年では第４学年、高学年では第６学年で指導する例を示しています。このページは、２学年間にわたって取り扱う場合の低学年では第１学年、中学年では第３学年、高学年では第５学年の単元全体に関することを示しています。

2学年間にわたって取り扱う場合

- ２学年間にわたって取り扱う場合の、低学年では第１学年、中学年では第３学年、高学年では第５学年での学習活動などを大まかに示していますので、授業を計画する際の参考としてください。
- ２学年間のいずれかの学年で指導する場合は、このページと「単元の目標、単元の評価規準、指導と評価の計画」のページを合わせて、授業を計画する際の参考としてください。
- ２学年間にわたって取り扱うものとしている「体つくり運動系」の単元では、ここで各内容の取扱いについて示しています。

体ほぐしの運動遊び（第1学年）

体ほぐしの運動遊びは，手軽な運動遊びを行い，体を動かす楽しさや心地よさを味わうことを通して，心と体の変化に気付いたり，みんなで関わり合ったりする運動遊びです。本単元例は，心と体の状態を確認してから運動遊びをしたり，運動遊びをしてから心と体の変化を確かめたりする活動をしたり，みんなで関わり合って運動遊びをしたりすることで，体を動かすと心と体が変化することに気付いたり人それぞれに違いがあることを知ったりすることができる授業を展開するようにしています。

単元の目標

(1) 体ほぐしの運動遊びの行い方を知るとともに，手軽な運動遊びを行い，心と体の変化に気付いたり，みんなで関わり合ったりして遊ぶことができるようにする。
(2) 体をほぐす遊び方を工夫するとともに，考えたことを友達に伝えることができるようにする。
(3) 体ほぐしの運動遊びに進んで取り組み，きまりを守り誰とでも仲よく運動をしたり，場の安全に気を付けたりすることができるようにする。

指導と評価の計画〔4時間（体つくりの運動遊びの18時間のうち）〕

時間	1	2	3	4	5	6	7
ねらい	体ほぐしの運動遊びの学習の見通しをもつ	体ほぐしの運動遊びの行い方を知り，遊び方を工夫して，みんなで楽しく遊ぶ			多様な動きをつくる運動遊びの学習の見通しをもつ		
学習活動	オリエンテーション 1 集合，挨拶，健康観察をする 2 単元の学習の見通しをもつ ○単元の目標と学習の進め方を知る。 ○学習のきまりを知る 3 本時のねらいを知り，めあてを立てる 4 場や用具の準備をする ○場や用具の準備や片付けの仕方を知る。 5 準備運動をする ○準備運動の行い方を知る。 6 ほぐしの運動遊びをする ○体ほぐしの運動遊びの行い方を知る。 ○みんなで体ほぐしの運動遊びをする。	1 集合，挨拶，健康観察をする 2 本時のねらいと学習内容を確認する 3 場や用具の準備をする 4 心と体の状態に気付く 5 準備運動をする 6 体ほぐしの運動遊びをする ○体ほぐしの運動遊びの行い方を知る。 ○みんなで体ほぐしの運動遊びをする。 ○体ほぐしの運動遊びの工夫の仕方を知る。 ○友達のよい動きを見付けたり，考えたりしたことを伝える。			オリエンテーション 1 集合，挨拶，健康観察をする 2 単元の学習の見通しをもつ ○単元の目標と学習の進め方を知る。 ○学習のきまりを知る。 3 本時のねらいを知り，めあてを立てる 4 場や用具の準備をする ○場や用具の準備や片付けの仕方を知る。 5 準備運動，体ほぐしの運動遊びをする ○準備運動，体ほぐしの運動遊びの行い方を知る。 6 多様な動きをつくる運動遊びをする ○多様な動きをつくる運動遊びの行い方を知る。 ○みんなで多様な動きをつくる運動遊びをする。	1 集合，挨拶， 4 準備運動， 5 体のバランス ○体のバランス ○みんなで体の ○体のバランス ○楽しくできる動遊びをす ○友達のよい動える。 6 体を移動する ○体を移動する ○みんなで体を ○体を移動する ○楽しくできるをする。 ○友達のよい動える。	
	7 本時を振り返り，次時への見通しをもつ　8 整理運動，場や用具の片付けをする　9 集合，健康観察，						
評価の重点 知識・技能	① 観察・学習カード				② 観察・学習カード		
評価の重点 思考・判断・表現		① 観察・学習カード	③ 観察・学習カード				
評価の重点 主体的に学習に取り組む態度				① 観察・学習カード		⑤ 観察・学習カード	

単元の評価規準

知識・技能	思考・判断・表現	主体的に学習に取り組む態度
①体ほぐしの運動遊びの行い方について，言ったり実際に動いたりしている。 ②多様な動きをつくる運動遊びの行い方について，言ったり実際に動いたりしている。 ③体のバランスをとる動きをして遊ぶことができる。 ④体を移動する動きをして遊ぶことができる。 ⑤用具を操作する動きをして遊ぶことができる。 ⑥力試しの動きをして遊ぶことができる。	①楽しくできる体ほぐしの運動遊びを選んでいる。 ②楽しくできる多様な動きをつくる運動遊びを選んでいる。 ③体ほぐしの運動遊びで，心と体の変化に気付いたり，工夫したりした楽しい遊び方を友達に伝えている。 ④多様な動きをつくる運動遊びで，友達のよい動きを見付けたり，工夫したりした楽しい遊び方を友達に伝えている。	①体ほぐしの運動遊びに進んで取り組もうとしている。 ②多様な動きをつくる運動遊びに進んで取り組もうとしている。 ③順番やきまりを守り，誰とでも仲よくしようとしている。 ④用具の準備や片付けを，友達と一緒にしようとしている。 ⑤場の安全に気を付けている。

8	9	10	11	12	13	14	15	16	17	18
多様な動きをつくる運動遊びの行い方を知り，遊び方を工夫してみんなで楽しく遊ぶ										学習のまとめをする
健康観察をする　2　本時のねらい知り，めあてを立てる　3　場や用具の準備をする										
体ほぐしの運動遊びをする										
をとる運動遊びをする をとる運動遊びの行い方を知る。 バランスをとる運動遊びをする。 をとる運動遊びの工夫の仕方を知る。 遊び方を選んで，体のバランスをとる運 る。 きを見付けたり，考えたりしたことを伝			5　力試しの運動遊びをする ○力試しの運動遊びの行い方を知る。 ○みんなで力試しの運動遊びをする。 ○力試しの運動遊びの工夫の仕方を知る。 ○楽しくできる遊び方を選んで，力試しの運動遊びをする。 ○友達のよい動きを見付けたり，考えたりしたことを伝える。							**学習のまとめ** 5　多様な動きつくる運動遊びをする ○楽しくできる多様な動きをつくる運動遊びを選んで遊ぶ。 ○選んだ遊び方を友達に紹介したり，友達が選んだ遊び方で遊んだりする。 6　単元を振り返り，学習のまとめをする 7　整理運動，場や用具の片付けをする 8　集合，健康観察，挨拶をする
運動遊びをする 運動遊びの行い方を知る。 移動する運動遊びをする。 運動遊びの工夫の仕方を知る。 遊び方を選んで，体を移動する運動遊び きを見付けたり，考えたりしたことを伝			6　用具を操作する運動遊びをする ○用具を操作する運動遊びの行い方を知る。 ○みんなで用具を操作する運動遊びをする。 ○用具を操作する運動遊びの工夫の仕方を知る。 ○楽しくできる遊び方を選んで，用具を操作する運動遊びをする。 ○友達のよい動きを見付けたり，考えたりしたことを伝える。							
挨拶をする										
		③・④ 観察						⑤・⑥ 観察		
	② 観察・学習カード						④ 観察・学習カード			
③ 観察・学習カード					④ 観察・学習カード					② 観察・学習カード

本時の目標と展開①（1／18時間）

本時の目標

(1) 体ほぐしの運動遊びの行い方を知ることができるようにする。
(2) 楽しくできる体ほぐしの運動遊びを選ぶことができるようにする。
(3) 体ほぐしの運動遊びに進んで取り組むことができるようにする。

本時の展開

時間	学習内容・活動	指導上の留意点
5分	1　集合，挨拶，健康観察をする 2　単元の学習の見通しをもつ ○単元の目標と学習の進め方を知る。 ○学習をするグループを確認する。 ○学習のきまりを知る。	●掲示物を活用するなどしながら，分かりやすく説明する。 ●学習をするグループを事前に決めておく。
	学習のきまりの例 ・用具は正しく使いましょう。 ・安全に気を付けて遊びましょう。 ・友達との間隔をとって遊びましょう。 ・誰とでも仲よく遊びましょう。 ・準備や片付けは，友達と一緒にしましょう。 	
	3　本時のねらいを知り，めあてを立てる **体ほぐしの運動遊びの学習の進め方を知り，学習の見通しをもとう** ○本時のねらいを知り，自己のめあてを立てる。	●学習カードを配り，使い方を説明する。
10分	4　場や用具の準備をする ○場や用具の準備と片付けの仕方を知る。 ○みんなで協力して，準備をする。	●安全な準備と片付けの仕方を説明する。 ●安全に気を付けた準備をする様子を取り上げて，称賛する。
	場や用具の準備の仕方の例 ・活動をする場に危険物がないか気を付けて，見付けたら先生に知らせましょう。 ・遊びに使う用具は，決まった場所から使うものだけを取り，使い終わったら片付けましょう。 ・安全に運動遊びができるように服装などが整っているか，友達と確かめ合いましょう。 	
	5　準備運動をする ○準備運動の行い方を知る。 ○みんなで準備運動をする。	●けがの防止のために適切な準備運動の行い方について，実際に動いて示しながら説明する。
	準備運動の行い方の例 肩，腕，手首，腿，膝，ふくらはぎ，足首などをほぐす運動を行う。	
10分	6　体ほぐしの運動遊びをする ○体ほぐしの運動遊びの行い方を知る。 ○みんなで体ほぐしの運動遊びをする。	●体ほぐし運動遊びの行い方について，場を示したり，実際に動いて示したりしながら説明する。
	体ほぐしの運動遊びの行い方の例 ○伝承遊びや集団による運動遊び ・じゃんけん 教師とみんなでじゃんけんをする。  じゃんけんの結果が嬉しかった人は，両手を上げて軽やかに5回ジャンプをする。結果が悔しかった人は，床を強く踏み付けるように5回ジャンプをする。 太鼓の音に合わせてスキップで移動をして，出会った相手とじゃんけんをする。  出会った相手と両手でハイタッチをしてから，じゃんけんをする。じゃんけんが終わったら握手をして相手と別れて，次の相手を探す。	

15分	○自己の心と体の変化に気付く。	●自己の心と体の変化について気付いたことを聞くとともに，気付きのよさを取り上げて，称賛する。

・楽しく運動遊びをすると，どんな気持ちになりますか。
・力いっぱい動くと，体はどうなりましたか。
　➡　汗が出ること，心臓の鼓動が激しくなることなどに気付くようにする。

◎体を動かすことに意欲的でない児童への配慮の例
➡　教室から友達と手をつないで体育館や運動場に移動するなど，授業前から友達と関わりながら自然に運動遊びに加わっていくことができるようにするなどの配慮をする。

	○体ほぐしの運動遊びの行い方を知る。 ○みんなで体ほぐしの運動遊びをする。	●体ほぐし運動遊びの行い方について，場を示したり，実際に動いて示したりしながら説明する。

体ほぐしの運動遊びの行い方の例
○リズムに乗って，心が弾むような動作で行う運動遊び
　・みんなで列になってリズムに乗って体を動かしながら移動する。

その場でジャンプしたり，スキップで移動したり，友達と手拍子をしたりする。

◎友達と楽しく運動遊びをすることが苦手な児童への配慮の例
➡　友達とハイタッチや拍手で喜びを共有するなど，共に運動遊びをする楽しい雰囲気を実感することができるようにするなどの配慮をする。

5分	7　本時を振り返り，次時への見通しをもつ	

本時の振り返り
・体ほぐしの運動遊びの行い方について知ったことを，発表したり書いたりしましょう。
・運動遊びをして，心と体の変化について気付いたことを，発表したり書いたりしましょう。
・単元の学習で楽しみたいことなど，自己のめあてを書きましょう。

	○振り返りを発表して，友達に伝える。	●振り返りを発表したり学習カードに記入したりするように伝えるとともに，気付きや考えのよさを取り上げて，称賛する。

◆学習評価◆　知識・技能
①体ほぐしの運動遊びの行い方について，言ったり動いたりしている。
➡　心と体の変化に気付いたり，みんなで関わり合ったりする体ほぐしの運動遊びの行い方について，実際に動いたり発表したり学習カードに記入したりしていることを評価する。（観察・学習カード）

◎体ほぐしの運動遊びの行い方を知ることが苦手な児童への配慮の例
➡　個別に関わり，体ほぐしの運動遊びの行い方のポイントについて対話をしながら確認したり，どの運動遊びが楽しかったか問いかけたりするなどの配慮をする。

	8　整理運動，場や用具の片付けをする	●整理運動の行い方について，実際に動いて示しながら説明するとともに，けががないかなどを確認する。
	9　集合，健康観察，挨拶をする

本時の目標と展開②（2／18時間）

本時の目標

(1) 体ほぐしの運動遊びの行い方を知ることができるようにする。
(2) 楽しくできる体ほぐしの運動遊びを選ぶことができるようにする。
(3) 体ほぐしの運動遊びに進んで取り組むことができるようにする。

本時の展開

時間	学習内容・活動	指導上の留意点
10分	1　集合，挨拶，健康観察をする 2　本時のねらいを知り，めあてを立てる	
	体ほぐしの運動遊びの遊び方を工夫し，いろいろな運動遊びをして，みんなで楽しく遊ぼう	
	○本時のねらいを知り，自己のめあてを立てる。	●学習カードを配り，立てためあてを記入するように伝える。
	3　場や用具の準備をする ○みんなで協力して，準備をする。	●安全な準備の仕方を確認する。
	4　心と体の状態を確認する ○顔のマークで，自己の心と体の状態に気付く。 	●学習カードに示した顔のマークの使い方を説明する。 
	5　準備運動をする ○みんなで準備運動をする。	●けがの防止のために適切な準備運動を行うように，実際に動いて示しながら伝える。
15分	6　体ほぐしの運動をする ○自己の心と体の変化に気付くことができるような体ほぐしの運動遊びをする。	●体ほぐし運動遊びの行い方について，場を示したり，実際に動いて示したりしながら説明する。
	体ほぐしの運動遊びの行い方の例 ○動作や人数などの条件を変えて，歩いたり走ったりする運動遊び  グループで1列になり，先頭の友達の歩き方の真似をして進む。途中で先頭を交代する。みんなで手をつないで歩く。  体育館のラインなど線の上を歩いて移動する。進むほうから友達が来たときは，片手でハイタッチをしてすれ違う。 ○伸び伸びとした動作で操作しやすい用具などを用いた運動遊び  グループで落とさないように風船をはじく。  二人で手を使わずに風船やボールを運ぶ。急いで運ばずに，落さないように運ぶようにする。	

15分

○自己の心と体の変化に気付く。

● 心と体の変化について気付いたことを聞くとともに，気付きのよさを取り上げて，称賛する。

・友達と関わり合って運動遊びをしたら，気持ちはどう変わりましたか。
・遊んでいるときや遊び終わったとき，体はどうなりましたか。
➡ 汗が出ること，心臓の鼓動が激しくなることなどに気付くようにする。

○体ほぐし運動遊びの工夫の仕方を知る。
○楽しくできる遊び方を選んで，体ほぐしの運動遊びをする。

● 体ほぐしの運動遊びの工夫の仕方について，場を示したり，実際に動いて示したりしながら説明する。

体ほぐしの運動遊びの行い方の工夫の仕方の例

○場などを工夫して遊ぶ

・曲がった線やジグザグの線，跳んで渡る途切れた線など，楽しく歩ける線を増やす。
・線の上を進みながら，何人とハイタッチをできるか数える。

○体の使い方などを工夫して遊ぶ

・足だけで，頭だけでなど，風船をつくときの体の使い方を選ぶ。
・手をつないで輪になり，手を離さないようにして行う。

・風船やボールを運ぶときの体の使い方を選ぶ。
・横や後ろなど進む方向を変えて行う。

● 楽しくできる遊び方を選んでいることを取り上げて，称賛する。

◆学習評価◆　思考・判断・表現
①楽しくできる体ほぐしの運動遊びを選んでいる。

➡ できそうな運動遊びや友達一緒に行うと楽しい運動遊びなどを選んでいる姿を評価する。（観察・学習カード）

◎運動遊びを選ぶことが苦手な児童への配慮の例

➡ 友達が選んだ遊び方で一緒に遊んだり，他のグループが選んでいる遊び方の真似をしたりして，楽しくできる運動遊びを見付るようにするなどの配慮をする。

○友達のよい動きを見付けたり，考えたりしたことを伝える。

● 見付けたり考えたりしたことを伝えていることを取り上げて，称賛する。

◎見付けたり考えたりしたことを伝えることが苦手な児童への配慮の例

➡ 個別に関わり，見付けたり考えたりしたことを聞き取って友達に伝えることを支援したり，友達と二人で伝え合う場面を設けたりするなどの配慮をする。

5分

7　本時を振り返り，次時への見通しをもつ
○顔のマークで，自己の心と体の変化に気付く。

本時の振り返り
・運動遊びして，心と体の変化について気付いたことを，発表したり書いたりしましょう。
・運動遊びを工夫して，見付けたことや考えたことを，発表したり書いたりしましょう。

○振り返りを発表して，友達に伝える。

● 振り返りを発表したり学習カードに記入したりするように伝えるとともに，気付きや考えのよさを取り上げて，称賛する。

8　整理運動，場や用具の片付けをする

● 適切な整理運動を行うように，実際に動いて示しながら伝えるとともに，けががないかなどを確認する。

9　集合，健康観察，挨拶をする

本時の目標と展開③（4／18時間）

本時の目標

(1) 体ほぐしの運動遊びの行い方を知ることができるようにする。
(2) 体ほぐしの運動遊びで，心と体の変化に気付いたり，工夫したりした楽しい遊び方を友達に伝えることができるようにする。
(3) 体ほぐしの運動遊びに進んで取り組むことができるようにする。

本時の展開

時間	学習内容・活動	指導上の留意点
10分	1　集合，挨拶，健康観察をする 2　本時のねらいを知り，めあてを立てる	
	いろいろな体ほぐしの運動遊びをして，みんなで楽しく遊んで，学習のまとめをしよう	
	○本時のねらいを知り，自己のめあてを立てる。	●学習カードを配り，立てためあてを記入するように伝える。
	3　場や用具の準備をする ○みんなで協力して，準備をする。	●安全な準備の仕方を確認する。
	4　心と体の状態に気付く ○顔のマークで，自己の心と体の状態に気付く。	●顔のマークで，心と体の状態を確かめるように伝える。
	5　準備運動をする ○みんなで準備運動をする。	●けがの防止のために適切な準備運動を行うように，実際に動いて示しながら伝える。
25分	6　体ほぐしの運動遊びをする ○体ほぐしの運動遊びの行い方を知る。 ○みんなで体ほぐしの運動遊びをする。	●体ほぐしの運動遊びの工夫の仕方について，場を示したり，実際に動いて示したりしながら説明する。
	伝承遊びや集団による体ほぐしの運動遊びの行い方の例 ○おしくらまんじゅう  ○太鼓の音の数の人数で集まる 	
	○楽しくできる体ほぐしの運動遊びを選んで，体ほぐしの運動遊びをする。	●楽しくできる遊び方を選んでいることを取り上げて，称賛する。 ●体ほぐしの運動遊びに進んで取り組もうとしている様子を取り上げて，称賛する。 **◆学習評価◆　主体的に学習に取り組む態度** **①体ほぐしの運動遊びに進んで取り組もうとしている。** ➡　体ほぐしの運動遊びで心と体の変化に気付いたり，みんなで関わり合ったりすることなどに進んで取り組もうとしている姿を評価する。（観察・学習カード）
	○顔のマークで，自己の心と体の変化に気付く。	●心と体の変化について気付いたことを聞くとともに，気付きのよさを取り上げて，称賛する。
10分	7　単元を振り返り，学習のまとめをする	
	単元の学習の振り返り ・単元の学習で楽しかったことや心と体の変化について気付いたことを，発表したり書いたりしましょう。 ・学習したことで，今後も取り組んでいきたいとことを，発表したり書いたりしましょう。 	
	○振り返りを発表して，友達に伝える。	●振り返りを学習カードに記入するように伝えるとともに，気付きや考えのよさを取り上げて，称賛する。
	8　整理運動，場や用具の片付けをする	●適切な整理運動を行うように，実際に動いて示しながら伝えるとともに，けががないかなどを確認する。
	9　集合，健康観察，挨拶をする	

体ほぐしの運動遊びの取扱い

【第1学年における指導と評価の計画（例）】

時間		1	2～4	5	6～11	12～17	18
ねらい		学習の見通しをもつ	体ほぐしの運動遊びを工夫して友達と楽しむ	学習の見通しをもつ	多様な動きをつくる運動遊びを工夫して友達と楽しむ		学習のまとめをする
学習活動		**オリエンテーション** **○学習の見通しをもつ** ・学習の進め方 ・学習のきまり **○体ほぐしの運動遊び** みんなで運動遊びをする	**体ほぐしの運動遊び** **○体ほぐしの運動遊び** ・自己の心と体の変化に気付く ・みんなで関わり合う **○学習のまとめをする**	**オリエンテーション** **○学習の見通しをもつ** ・学習の進め方 ・学習のきまり **○多様な動きをつくる運動遊び** みんなで運動遊びをする	**多様な動きをつくる運動遊び** **○体のバランスをとる運動遊び** ・いろいろな運動遊びをする ・遊び方を工夫する **○体を移動する運動遊び** ・いろいろな運動遊びをする ・遊び方を工夫する	**多様な動きをつくる運動遊び** **○力試しの運動遊び** ・いろいろな運動遊びをする ・遊び方を工夫する **○用具を操作する運動遊び** ・いろいろな運動遊びをする ・遊び方を工夫する	**学習のまとめ** **○多様な動きをつくる運動遊び** 楽しくできる運動遊びを選ぶ **○単元のまとめをする**
評価の重点	知識・技能	① 観察・学習カード		② 観察・学習カード	③・④ 観察	⑤・⑥ 観察	
	思考・判断・表現		①・③ 観察・学習カード		② 観察・学習カード	④ 観察・学習カード	
	主体的に学習に取り組む態度		① 観察・学習カード		③・⑤ 観察・学習カード	④ 観察・学習カード	② 観察・学習カード

【体ほぐしの運動遊びの内容の取扱い】

● 2学年間にわたって指導すること

小学校学習指導要領に『「A 体つくりの運動遊び」については，2学年間にわたって指導するものとする。』とあるように，低学年の「体ほぐしの運動遊び」は，第1学年と第2学年の両方で指導するように年間指導計画を作成しましょう。

第1学年は，行い方が易しく，自己の心と体の変化に気付いたりみんなで関わり合ったりしやすい体ほぐしの運動遊びができるよう，本手引を参考にするなどして第1学年に適した運動遊びを選んで取り扱うようにしましょう。なお，体ほぐしの運動遊びと多様な動きをつくる運動遊びにおいて，取り上げる運動遊びが似通ってくることが考えられますので，各々のねらいを明確にして運動遊びの行い方を意図的に取り扱うようにしましょう。

●体ほぐしの運動遊びの趣旨を生かした指導ができること

体ほぐしの運動遊びの「手軽な運動遊びを行い，心と体の変化に気付いたり，みんなで関わり合ったりすること」などの趣旨を生かした指導は，体つくりの運動遊び以外の領域においても行うことができます。本手引では，その一例として，『表現遊び「いきものランド」，リズム遊び』の指導と評価の計画の中で，主運動である表現遊びやリズム遊びに取り組む前に，体ほぐしの運動遊びの趣旨を生かした指導を行う場面を設けました。このことを参考にするなどして，他の領域においても体ほぐしの運動遊びの趣旨を生かした指導が必要な場合は，効果的に取り入れるようにしましょう。

●運動と健康が関わっていることについての具体的な考えがもてるように指導すること

体ほぐしの運動遊びに限らず，各領域の各内容については，体は活発に運動をしたり長く運動をしたりすると汗が出たり心臓の鼓動や呼吸が速くなったりすること，体を使って元気に運動することは体を丈夫にし健康によいことなど，運動と健康が関わっていることについて指導するようにしましょう。特に，体ほぐしの運動遊びは，手軽な運動を行い心と体の変化に気付くことを直接的なねらいとしていることから，この指導をしやすい内容であると捉えて，児童が具体的な考えがもてるように指導するようにしましょう。

【体ほぐしの運動遊びの評価】

●技能に関する評価規準は設定しないこと

体ほぐしの運動遊びの指導内容は，「知識及び運動」「思考力，判断力，表現力等」「学びに向かう力，人間性等」としています。これは，体ほぐしの運動遊びは，心と体との変化に気付いたり，みんなで関わり合ったりすることが主なねらいであり，特定の技能を示すものではないことから，各領域と同じ「知識及び技能」ではなく，「知識及び運動」としているものです。

そのため，評価においても，技能に関する評価規準は設定しないこととしています。評価の観点の名称は，各領域と同じ「知識・技能」ですが，そこには，体ほぐしの運動遊びの行い方を知っていることを評価する，知識に関する評価規準のみを設定しましょう。

多様な動きをつくる運動遊び（第1学年）

多様な動きをつくる運動遊びは，体を動かす楽しさに触れるとともに，体のバランスをとる動き，体を移動する動き，用具を操作する動き，力試しの動きをして，様々な基本的な動きを身に付ける運動遊びです。本単元例は，１時間の中で二つの運動遊びを設定することで，それぞれの運動遊びの行い方を知りながら，四つの基本的な動きを身に付ける運動遊びをして遊ぶことができる授業を展開するようにしています。

単元の目標

(1) 多様な動きをつくる運動遊びの行い方を知るとともに，体のバランスをとる動き，体を移動する動き，用具を操作する動き，力試しの動きをして遊ぶことができるようにする。
(2) 多様な動きをつくる遊び方を工夫するとともに，考えたことを友達に伝えることができるようにする。
(3) 多様な動きをつくる運動遊びに進んで取り組み，きまりを守り誰とでも仲よく運動をしたり，場の安全に気を付けたりすることができるようにする。

指導と評価の計画〔14 時間（体つくりの運動遊びの 18 時間のうち）〕

時間	1	2	3	4	5	6	7
ねらい	体ほぐしの運動遊びの学習の見通しをもつ	体ほぐしの運動遊びの行い方を知り，遊び方を工夫して，みんなで楽しく遊ぶ			多様な動きをつくる運動遊びの学習の見通しをもつ		
学習活動	オリエンテーション 1　集合，挨拶，健康観察をする 2　単元の学習の見通しをもつ ○単元の目標と学習の進め方を知る。 ○学習のきまりを知る 3　本時のねらいを知り，めあてを立てる 4　場や用具の準備をする ○場や用具の準備や片付けの仕方を知る。 5　準備運動をする ○準備運動の行い方を知る。 6　体ほぐしの運動遊びをする ○体ほぐしの運動遊びの行い方を知る。 ○みんなで体ほぐしの運動遊びをする。	1　集合，挨拶，健康観察をする 2　本時のねらいと学習内容を確認する 3　場や用具の準備をする 4　心と体の状態に気付く 5　準備運動をする 6　体ほぐしの運動遊びをする ○体ほぐしの運動遊びの行い方を知る。 ○みんなで体ほぐしの運動遊びをする。 ○体ほぐしの運動遊びの工夫の仕方を知る。 ○友達のよい動きを見付けたり，考えたりしたことを伝える。			オリエンテーション 1　集合，挨拶，健康観察をする 2　単元の学習の見通しをもつ ○単元の目標と学習の進め方を知る。 ○学習のきまりを知る。 3　本時のねらいを知り，めあてを立てる 4　場や用具の準備をする ○場や用具の準備や片付けの仕方を知る。 5　準備運動，体ほぐしの運動遊びをする ○準備運動，体ほぐしの運動遊びの行い方を知る。 6　多様な動きをつくる運動遊びをする ○多様な動きをつくる運動遊びの行い方を知る。 ○みんなで多様な動きをつくる運動遊びをする。	1　集合，挨拶， 4　準備運動， 5　体のバランス ○体のバランス ○みんなで体の ○体のバランス ○楽しくできる動遊びをす ○友達のよい動える。 6　体を移動する ○体を移動する ○みんなで体を ○体を移動する ○楽しくできるをする。 ○友達のよい動える。	
	7　本時を振り返り，次時への見通しをもつ　8　整理運動，場や用具の片付けをする　9　集合，健康観察，						
評価の重点　知識・技能	① 観察・学習カード				② 観察・学習カード		
評価の重点　思考・判断・表現		① 観察・学習カード	③ 観察・学習カード				
評価の重点　主体的に学習に取り組む態度				① 観察・学習カード		⑤ 観察・学習カード	

単元の評価規準

知識・技能	思考・判断・表現	主体的に学習に取り組む態度
①体ほぐしの運動遊びの行い方について，言ったり実際に動いたりしている。 ②多様な動きをつくる運動遊びの行い方について，言ったり実際に動いたりしている。 ③体のバランスをとる動きをして遊ぶことができる。 ④体を移動する動きをして遊ぶことができる。 ⑤用具を操作する動きをして遊ぶことができる。 ⑥力試しの動きをして遊ぶことができる。	①楽しくできる体ほぐしの運動遊びを選んでいる。 ②楽しくできる多様な動きをつくる運動遊びを選んでいる。 ③体ほぐしの運動遊びで，友達のよい動きを見付けたり，工夫したりした楽しい遊び方を友達に伝えている。 ④多様な動きをつくる運動遊びで，友達のよい動きを見付けたり，工夫したりした楽しい遊び方を友達に伝えている。	①体ほぐしの運動遊びに進んで取り組もうとしている。 ②多様な動きをつくる運動遊びに進んで取り組もうとしている。 ③順番やきまりを守り，誰とでも仲よくしようとしている。 ④用具の準備や片付けを，友達と一緒にしようとしている。 ⑤場の安全に気を付けている。

8	9	10	11	12	13	14	15	16	17	18
多様な動きをつくる運動遊びの行い方を知り，遊び方を工夫してみんなで楽しく遊ぶ										学習のまとめをする

健康観察をする　2　本時のねらい知り，めあてを立てる　3　場や用具の準備をする

体ほぐしの運動遊びをする

をとる運動遊びをする
をとる運動遊びの行い方を知る。
バランスをとる運動遊びをする。
をとる運動遊びの工夫の仕方を知る。
遊び方を選んで，体のバランスをとる運
る。
きを見付けたり，考えたりしたことを伝

5　力試しの運動遊びをする
○力試しの運動遊びの行い方を知る。
○みんなで力試しの運動遊びをする。
○力試しの運動遊びの工夫の仕方を知る。
○楽しくできる遊び方を選んで，力試しの運動遊びをする。
○友達のよい動きを見付けたり，考えたりしたことを伝える。

運動遊びをする
運動遊びの行い方を知る。
移動する運動遊びをする。
運動遊びの工夫の仕方を知る。
遊び方を選んで，体を移動する運動遊び

きを見付けたり，考えたりしたことを伝

6　用具を操作する運動遊びをする
○用具を操作する運動遊びの行い方を知る。
○みんなで用具を操作する運動遊びをする。
○用具を操作する運動遊びの工夫の仕方を知る。
○楽しくできる遊び方を選んで，用具を操作する運動遊びをする。
○友達のよい動きを見付けたり，考えたりしたことを伝える。

挨拶をする

学習のまとめ

5　多様な動きつくる運動遊びをする
○楽しくできる多様な動きをつくる運動遊びを選んで遊ぶ。
○選んだ遊び方を友達に紹介したり，友達が選んだ遊び方で遊んだりする。
6　単元を振り返り，学習のまとめをする
7　整理運動，場や用具の片付けをする
8　集合，健康観察，挨拶をする

8	9	10	11	12	13	14	15	16	17	18
		③・④ 観察						⑤・⑥ 観察		
	② 観察・学習カード						④ 観察・学習カード			
③ 観察・学習カード					④ 観察・学習カード					② 観察・学習カード

本時の目標と展開①（5／18時間）

本時の目標

(1) 多様な動きをつくる運動遊びの行い方を知ることができるようにする。
(2) 楽しくできる多様な動きをつくる運動遊びを選ぶことができるようにする。
(3) 場の安全に気を付けることができるようにする。

本時の展開

<table>
<tr><th>時 間</th><th>学習内容・活動</th><th>指導上の留意点</th></tr>
<tr><td rowspan="5">5
分</td><td>1　集合，挨拶，健康観察をする
2　単元の学習の見通しをもつ
○単元の目標と学習の進め方を知る。
○学習をするグループを確認する。
○学習のきまりを知る。</td><td>●掲示物を活用するなどしながら，分かりやすく説明する。
●学習をするグループを事前に決めておく。</td></tr>
<tr><td colspan="2">学習のきまりの例
・用具は正しく使いましょう。
・安全に気を付けて遊びましょう。
・友達との間隔をとって遊びましょう。
・誰とでも仲よく遊びましょう。
・準備や片付けは，友達と一緒にしましょう。
</td></tr>
<tr><td>3　本時のねらいを知り，めあてを立てる</td><td></td></tr>
<tr><td colspan="2">多様な動きをつくる運動遊びの学習の進め方を知り，学習の見通しをもとう</td></tr>
<tr><td>○本時のねらいを知り，自己のめあてを立てる。</td><td>●学習カードを配り，使い方を説明する。</td></tr>
<tr><td rowspan="5">15
分</td><td>4　場や用具の準備をする
○場や用具の準備と片付けの仕方を知る。
○みんなで協力して，準備をする。</td><td>●安全な準備と片付けの仕方を説明する。
●安全に気を付けた準備をする様子を取り上げて，称賛する。</td></tr>
<tr><td colspan="2">場や用具の準備の仕方の例
・活動をする場に危険物がないか気を付けて，見付けたら先生に知らせましょう。
・遊びに使う用具は，決まった場所から使うものだけを取り，使い終わったら片付けましょう。
・安全に運動遊びができるように服装などが整っているか，友達と確かめ合いましょう。
</td></tr>
<tr><td>5　準備運動，体ほぐしの運動遊びをする
○準備運動，体ほぐしの運動遊びの行い方を知る。
○みんなで準備運動，体ほぐしの運動遊びをする。</td><td>●けがの防止のために適切な準備運動の行い方について，実際に動いて示しながら説明する。</td></tr>
<tr><td colspan="2">準備運動の行い方の例
肩，腕，手首，腿，膝，ふくらはぎ，足首などをほぐす運動を行う。
体ほぐしの運動遊びの行い方の例

体育館のラインなど線の上を歩いて移動する。

太鼓の音の数の人数で集まる。</td></tr>
<tr><td></td><td>◎友達と関わり合うことに意欲的でない児童への配慮の例
➡　ペアやグループで調子を合わせて動くことによって，気持ちも弾んでくることが実感できる運動遊びを準備したり，意欲が感じられる児童のつぶやきや動きを取り上げて共感したりするなどの配慮をする。</td></tr>
</table>

20分

6　**多様な動きをつくる運動遊びをする**

○多様な動きをつくる運動遊びの行い方を知る。
○みんなで多様な動きをつくる運動遊びをする。

● **多様な動きをつくる運動遊びの行い方について，場を示したり，実際に動いて示したりしながら説明する。**

多様な動きをつくる運動遊びの行い方の例

○体を移動する運動遊び
8の字のコースをいろいろな進み方で進む。

・歩いて進む。

・這って進む。

・ケンケンで進む。

○力試しの運動遊び
友達をおんぶする。

・おんぶをして立ったり歩いたりする。

○体のバランスをとる運動遊び
片足でバランスをとる。

・片足で立ち続ける。

・上げた足を前後に動かす。

○用具を操作する運動遊び
ボールを両手でつかんで持ち上げたり回したり下ろしたりする。

・教師の動作の真似をしてボールを上げたり回したり下ろしたりする。

ペアで向かい合ってボールを真っ直ぐ転がす。

・友達と向かい合って転がす。

5分

7　**本時を振り返り，次時への見通しをもつ**

本時の振り返り
・多様な動きをつくる運動遊びの行い方について，知ったことを発表したり書いたりしましょう。
・単元の学習で身に付けたいことや楽しみたいことなど，自己のめあてを書きましょう。

○振り返りを発表して，友達に伝える。

● **振り返りを発表したり学習カードに記入したりするように伝えるとともに，気付きや考えのよさを取り上げて，称賛する。**

◆学習評価◆　知識・技能
②多様な動きをつくる運動遊びの行い方について，言ったり実際に動いたりしている。

➡　多様な動きをつくる運動遊びの行い方について，発表したり学習カードに記入したりしていることを評価する。（観察・学習カード）

◎多様な動きをつくる運動遊びの行い方を知ることが苦手な児童への配慮の例

➡　個別に関わり，行い方のポイントについて対話をしながら確認をするなどの配慮をする。

8　**整理運動，場や用具の片付けをする**

● **整理運動の行い方について，実際に動いて示しながら説明するとともに，けががないかなどを確認する。**

9　**集合，健康観察，挨拶をする**

本時の目標と展開②（8／18時間）

本時の目標

(1) 体のバランスをとる動きや体を移動する動きをして遊ぶことができるようにする。
(2) 楽しくできる多様な動きをつくる運動遊びを選ぶことができるようにする。
(3) 順番やきまりを守り，誰とでも仲よくすることができるようにする。

本時の展開

時 間	学習内容・活動	指導上の留意点
10分	1　集合，挨拶，健康観察をする 2　本時のねらいを知り，めあてを立てる	
	体のバランスをとる運動遊びと体を移動する運動遊びをして，みんなで楽しく遊ぼう	
	○本時のねらいを知り，自己のめあてを立てる。	●学習カードを配り，立てためあてを記入するように伝える。
	3　場や用具の準備をする ○みんなで協力して，準備をする。	●安全な準備の仕方を確認する。
	4　準備運動，体ほぐしの運動遊びをする ○みんなで準備運動，体ほぐしの運動遊びをする。	●けがの防止のために適切な準備運動を行うように，実際に動いて示しながら伝える。 ●学習した運動遊びの中から選んだ体ほぐしの運動遊びの行い方ついて，実際に動いて示しながら説明する。
15分	5　体のバランスをとる運動遊びをする ○体のバランスをとる運動遊びの行い方を知る。 ○みんなで体のバランスをとる運動遊びをする。	●体のバランスをとる運動遊びの行い方について，場を示したり，実際に動いて示したりしながら説明する。
	バランスをとる運動遊びの行い方の例 ○回るなどの動きで構成される運動遊び　○体のバランスを保つ動きで構成される運動遊び  ・片足を軸にして回転する。　・跳び上がって回る。　・しゃがんだ姿勢で手を合わせ，バランスを崩し合う。	
		◎体のバランスをとる運動遊びが苦手な児童への配慮の例 ➡　回るなどの動きでバランスをとることが苦手な児童には，できそうなところに目印を置いて回ったり，軸になる足の位置に輪を置いたりするなど回りやすくなる場の設定をするなどの配慮をする。
	○体のバランスをとる運動遊びの工夫の仕方を知る。 ○楽しくできる遊び方を選んで，体のバランスをとる運動遊びをする。	●体のバランスをとる運動遊びの工夫の仕方について，場を示したり，実際に動いて示したりしながら説明する。
	体のバランスをとる運動遊びの工夫の仕方の例 ○回数や行い方を工夫する　○姿勢を変えて  ・連続で回転する回数に挑戦する。・逆向きに回る。　・立った姿勢で　・片足立ちの姿勢で	
	○友達のよい動きを見付けたり，考えたりしたことを伝える。	●見付けたり考えたりしたことを伝えていることを取り上げて，称賛する。

6　体を移動する運動遊びをする ○体を移動する運動遊びの行い方を知る。 ○みんなで体を移動する運動遊びをする。
	●体を移動する運動遊びの行い方について，場を示したり，実際に動いて示したりしながら説明する。

体を移動する運動遊びの行い方の例

○這う，歩く，走るなどの動きで構成される運動遊び

・いろいろな進み方で移動する。

・横向きに進む。（カニ）　・這って進む。（ワニ）　・足首をつかんで進む。（ヒヨコ）

・いろいろな形態の走路を走る。

・曲線の走路　・ジグザグの走路

◎体を移動する運動遊びが苦手な児童への配慮の例

➡　様々な行い方で這ったり，歩いたり，走ったりすることが苦手な児童には，友達の行い方の真似をしたり，友場の後について行ったりするなど，体の動かし方が分かるようにするなどの配慮をする。

○体を移動する運動遊びの工夫の仕方を知る。 ○楽しくできる遊び方を選んで，体を移動する運動遊びをする。	●体を移動する運動遊びの工夫の仕方について，場を示したり，実際に動いて示したりしながら説明する。

15分

体を移動する運動遊びの工夫の仕方の例

○進み方や場などを工夫する

・楽しい進み方を工夫する。
・楽しいコースを作って進む。

○進み方を工夫する

・横向きや後ろ向きで進む。
・出会ったところでじゃんけんをして遊ぶ。

●誰とでも仲よくしようとしている様子を取り上げて，称賛する。

◆学習評価◆　主体的に学習に取り組む態度
③順番やきまりを守り，誰とでも仲よくしようとしている。

➡　運動遊びをする際に，順番やきまりを守り，誰とでも仲よくしようとしている姿を評価する。（観察）

◎順番やきまりを守ることに意欲的でない児童への配慮の例

➡　順番やきまりを守ることでみんなが安全に楽しく遊ぶことができることに気付くようにするとともに，守ることができたことを取り上げて称賛するなどの配慮をする。

○友達のよい動きを見付けたり，考えたりしたことを伝える。	●見付けたり考えたりしたことを伝えていることを取り上げて，称賛する。

5分	**7　本時を振り返り，次時への見通しをもつ**

本時の振り返り
・楽しく遊ぶことができた運動遊びを，発表したり書いたりしましょう。
・友達と仲よくできたことを，発表したり書いたりしましょう。

○振り返りを発表して，友達に伝える。	●振り返りを発表したり学習カードに記入したりするように伝えるとともに，気付きや考えのよさを取り上げて，称賛する。
8　整理運動，場や用具の片付けをする	●適切な整理運動を行うように，実際に動いて示しながら伝えるとともに，けががないかなどを確認する。
9　集合，健康観察，挨拶をする

本時の目標と展開③（13／18時間）

本時の目標

(1) 用具を操作する動きや力試しの動きをして遊ぶことができるようにする。
(2) 多様な動きをつくる運動遊びで，友達のよい動きを見付けたり，工夫したりした楽しい遊び方を友達に伝えることができるようにする。
(3) 用具の準備や片付けを，友達と一緒にすることができるようにする。

本時の展開

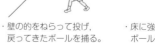

時間	学習内容・活動	指導上の留意点
10分	1　**集合，挨拶，健康観察をする** 2　**本時のねらいを知り，めあてを立てる**	
	用具を操作する運動遊びと力試しの運動遊びをして，みんなで楽しく遊ぼう	
	○本時のねらいを知り，自己のめあてを立てる。	●学習カードを配り，立てためあてを記入するように伝える。
	3　**場や用具の準備をする** ○みんなで協力して，準備をする。	●安全な準備の仕方を確認する。
	4　**準備運動，体ほぐしの運動遊びをする** ○みんなで準備運動をする。	●けがの防止のために適切な準備運動を行うように，実際に動いて示しながら伝える。
	○みんなで体ほぐしの運動遊びをする。	●学習した運動遊びの中から選んだ体ほぐしの運動遊びの行い方ついて，実際に動いて示しながら説明する。
15分	5　**用具を操作する運動遊びをする** ○用具を操作する運動遊びの行い方を知る。 ○みんなで用具を操作する運動遊びをする。	●用具を操作する運動遊びの行い方について，場を示したり，実際に動いて示したりしながら説明する。
	用具を操作する運動遊びの行い方の例 ○用具を運ぶなどの動きで構成される運動遊び  ・二人組で体でボールを挟んで運ぶ。	○用具を投げる，捕るなどの動きで構成される運動遊び 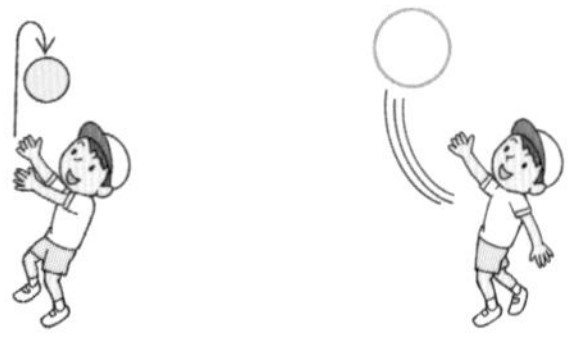 ・ボール，新聞紙で作った棒，フープなどを投げて捕る。
		◎用具を操作する運動遊びが苦手な児童への配慮の例 ➡　ボールを投げたり捕ったりすることが苦手な児童には，新聞紙を丸めた球やスポンジのボールなど恐怖心を感じにくい用具を用いるなどの配慮をする。
	○用具を操作する運動遊びの工夫の仕方を知る。 ○楽しくできる遊び方を選んで，用具を操作する運動遊びをする。	●用具を操作する運動遊びの工夫の仕方について，場を示したり，実際に動いて示したりしながら説明する。
	用具を操作する運動遊びの工夫の仕方の例 ○競走をして遊ぶ  ・運ぶ距離を決めて競走をする。	○いろいろな投げ方や捕り方をする  ・壁の的をねらって投げ，戻ってきたボールを捕る。  ・床に強く投げて，高く弾んだボールを待ち構えて捕る。
	○友達のよい動きを見付けたり，考えたりしたことを伝える。	●見付けたり考えたりしたことを伝えていることを取り上げて，称賛する。

15分

6　力試しの運動遊びをする

○力試しの運動遊びの行い方を知る。
○みんなで力試しの運動遊びをする。

●力試しの運動遊びの行い方について，場を示したり，実際に動いて示したりしながら説明する。

力試しの運動遊びの行い方の例

○人を運ぶ，支えるなどの動きで構成される運動遊び

友達を引きずって運ぶ。

・雑巾の上に乗った友達を引いて運ぶ。

腕立て伏臥の姿勢で自己の体を支える。

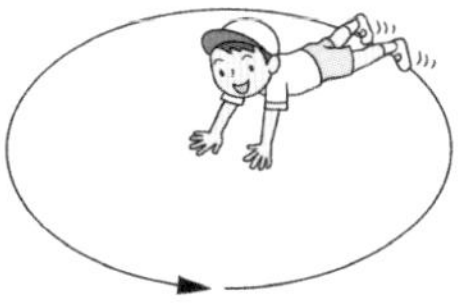

・手を支点にして回る。

足を支点にして回る。

◎力試しの運動遊びが苦手な児童への配慮の例

➡　体を支える動きが苦手な児童には，肘を曲げずに手の平で床を押したり，目線を床と平行にしたりすることができるよう助言するなどの配慮をする。

○力試しの運動遊びの工夫の仕方を知る。
○楽しくできる遊び方を選んで，力試しの運動遊びをする。

●力試しの運動遊びの工夫の仕方について，場を示したり，実際に動いて示したりしながら説明する。

力試しの運動遊びの工夫の仕方の例

○引き方や人数を工夫する

・後ろ向きで引いたり，片手で引いたりする。
・引く人数や引かれる人数を変える。

○じゃんけんをして遊ぶ

・勝敗の結果で回ったり，回り方を変えたりする。

○友達のよい動きを見付けたり，考えたりしたことを伝える。

●見付けたり考えたりしたことを伝えていることを取り上げて，称賛する。

5分

7　本時を振り返り，次時への見通しをもつ

本時の振り返り
・楽しく遊ぶことができた運動遊びを，発表したり書いたりしましょう。
・用具の準備の際に友達と一緒にできたことを，発表したり書いたりしましょう。

○振り返りを発表して，友達に伝える。

●振り返りを発表したり学習カードに記入したりするように伝えるとともに，気付きや考えのよさを取り上げて，称賛する。

8　整理運動，場や用具の片付けをする

●適切な整理運動を行うように，実際に動いて示しながら伝えるとともに，けががないかなどを確認する。

◆学習評価◆　主体的に学習に取り組む態度
④用具の準備や片付けを，友達と一緒にしようとしている。

➡　友達と一緒に用具の準備や片付けをしようとしている姿を評価する。（観察・学習カード）

◎準備や片付けを友達と一緒にすることに意欲的でない児童への配慮の例

➡　一人で準備や片付けをすることは危なかったり余計な時間がかかってしまったりすることを伝え，一緒にすることが大切であることに気付くようにするなどの配慮をする。

9　集合，健康観察，挨拶をする

本時の目標と展開④（18／18時間）

本時の目標

(1) 体のバランスをとる動き，用具を操作する動きをして遊ぶことができるようにする。
(2) 多様な動きをつくる運動遊びで，友達のよい動きを見付けたり，工夫したりした楽しい遊び方を友達に伝えることができるようにする。
(3) 多様な動きをつくる運動遊びに進んで取り組むことができるようにする。

本時の展開

時間	学習内容・活動	指導上の留意点
10分	1　集合，挨拶，健康観察をする 2　本時のねらいを確認する	
	多様な動きをつくる運動遊びの工夫した遊び方を紹介し合って，学習のまとめをしよう	
	○本時のねらいを知り，自己のめあてを立てる。	●学習カードを配り，立てためあてを記入するように伝える。
	3　場や用具の準備をする ○みんなで協力して，準備をする。	●安全な準備の仕方を確認する。
	4　準備運動，体ほぐしの運動遊びをする ○みんなで準備運動をする。	●けがの防止のために適切な準備運動を行うように，実際に動いて示しながら伝える。
	○みんなで体ほぐしの運動遊びをする。	●学習した運動遊びの中から選んだ体ほぐしの運動遊びの行い方ついて，実際に動いて示しながら説明する。
25分	5　多様な動きつくる運動遊びをする ○楽しくできる遊び方を選んで，多様な動きをつくる運動遊びをする。	●それぞれの運動遊びに取り組む場について，その場所を示しながら説明する。
	場の設定の仕方の例 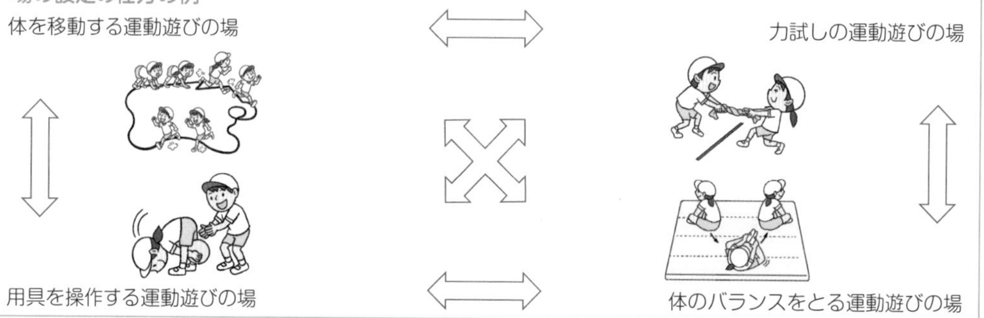	
	○選んだ遊び方を友達に紹介したり，友達が選んだ遊び方で遊んだりする。	●多様な動きをつくる運動遊びに進んで取り組もうとしている様子を取り上げて，称賛する。 **◆学習評価◆　主体的に学習に取り組む態度** **②多様な動きをつくる運動遊びに進んで取り組もうとしている。** ➡　自己が選んだ多様な動きをつくる運動遊びをしたり，選んだ遊び方を友達に紹介したりする活動などに進んで取り組もうとしている姿を評価する。（観察・学習カード）
10分	6　単元を振り返り，学習のまとめをする	
	単元の学習の振り返り ・単元の学習で楽しかったことやできるようになったことを，発表したり書いたりしましょう。 ・学習したことで，今後も取り組んでいきたいとことを，発表したり書いたりしましょう。 	
	○振り返りを発表して，友達に伝える。	●振り返りを学習カードに記入するように伝えるとともに，気付きや考えのよさを取り上げて，称賛する。
	7　整理運動，場や用具の片付けをする	●適切な整理運動を行うように，実際に動いて示しながら伝えるとともに，けがないかなどを確認する。
	8　集合，健康観察，挨拶をする	

多様な動きをつくる運動遊びの取扱い

【第1学年における指導と評価の計画（例）】

時間		1	2～4	5	6～11	12～17	18
ねらい		学習の見通しをもつ	体ほぐしの運動遊びを工夫して友達と楽しむ	学習の見通しをもつ	多様な動きをつくる運動遊びを工夫して友達と楽しむ		学習のまとめをする
学習活動		**オリエンテーション** **○学習の見通しをもつ** ・学習の進め方 ・学習のきまり **○体ほぐしの運動遊び** みんなで運動遊びをする	**体ほぐしの運動遊び** **○体ほぐしの運動遊び** ・自己の心と体の変化に気付く ・みんなで関わり合う **○学習のまとめをする**	**オリエンテーション** **○学習の見通しをもつ** ・学習の進め方 ・学習のきまり **○多様な動きをつくる運動遊び** みんなで運動遊びをする	**多様な動きをつくる運動遊び** **○体のバランスをとる運動遊び** ・いろいろな運動遊びをする ・遊び方を工夫する **○体を移動する運動遊び** ・いろいろな運動遊びをする ・遊び方を工夫する	**多様な動きをつくる運動遊び** **○力試しの運動遊び** ・いろいろな運動遊びをする ・遊び方を工夫する **○用具を操作する運動遊び** ・いろいろな運動遊びをする ・遊び方を工夫する	**学習のまとめ** **○多様な動きをつくる運動遊び** 楽しくできる運動遊びを選ぶ **○単元のまとめをする**
評価の重点	知識・技能	① 観察・学習カード		② 観察・学習カード	③・④ 観察	⑤・⑥ 観察	
	思考・判断・表現		①・③ 観察・学習カード		② 観察・学習カード	④ 観察・学習カード	
	主体的に学習に取り組む態度		① 観察・学習カード		③・⑤ 観察・学習カード	④ 観察・学習カード	② 観察・学習カード

【多様な動きをつくる運動遊びの単元の取扱い】

●年間を通して指導すること

多様な動きをつくる運動遊びは，様々な基本的な動きを運動遊びを通して培うことをねらいとしていることから，本手引では，他の領域の各内容と比べて単元の時間数を多く設定しています。上記の計画を参考に授業を行う際は，学校の実態などに応じてある程度の時間で数回に分けて年間指導計画の中に位置付けるなどの工夫をしましょう。

【多様な動きをつくる運動遊びの内容の取扱い】

●２学年間にわたって指導すること

小学校学習指導要領に『「Ａ体つくりの運動遊び」については，２学年間にわたって指導するものとする。』とあるように，低学年の「多様な動きをつくる運動遊び」は，第１学年と第２学年の両方で指導するように年間指導計画を作成しましょう。

第１学年は，行い方が易しく，基本的な体の動きを幅広く培いやすい多様な動きをつくる運動遊びができるよう，本手引を参考にするなどして第１学年に適した運動遊びを選んで取り扱うようにしましょう。なお，体ほぐしの運動遊びと多様な動きをつくる運動遊びにおいて，取り上げる運動遊びが似通ってくることが考えられますので，各々のねらいを明確にして運動遊びの行い方を意図的に取り扱うようにしましょう。

●将来の体力の向上につなげるため，基本的な体の動きを培うこと

体つくり運動系は，体力を高めるために行われる運動を取り扱う領域ですが，低学年においては発達の段階から体力を高めることを学習の直接の目的とすることは難しいことから，将来の体力の向上につなげていくために，基本的な体の動きを幅広く培うことができるようにしましょう。

●運動と健康が関わっていることについての具体的な考えがもてるよう指導すること

多様な動きをつくる運動遊びに限らず，各領域の各内容については，体は活発に運動をしたり長く運動をしたりすると汗が出たり心臓の鼓動や呼吸が速くなったりすること，体を使って元気に運動することは体を丈夫にし健康によいことなど，運動と健康が関わっていることについて指導するようにしましょう。特に，多様な動きをつくる運動遊びは，基本的な体の動きを幅広く培う運動遊びをすることで結果的に体力の向上を図ることをねらいとしていることから，この指導をしやすい内容であると捉えて，児童が具体的な考えをもてるように指導するようにしましょう。

【多様な動きをつくる運動遊びの評価】

●各領域と同じく，技能に関する評価規準を設定すること

多様な動きをつくる運動遊びの指導内容は，「知識及び運動」「思考力，判断力，表現力等」「学びに向かう力，人間性等」としています。これは，多様な動きをつくる運動遊びは，様々な基本的な体の動きを身に付けたり，動きの幅を広げたりすることが主なねらいであり，特定の技能を示すものではないことから，各領域と同じ「知識及び技能」ではなく，「知識及び運動」としているものです。

一方で，評価においては，各領域と同じく「知識・技能」の評価の観点に技能に関する評価規準を設定して，多様な動きをつくる運動遊びで培う様々な基本的な体の動きができることを評価しましょう。

A 体つくりの運動遊び

体ほぐしの運動遊び（第2学年）

体ほぐしの運動遊びは，手軽な運動遊びを行い，体を動かす楽しさや心地よさを味わうことを通して，心と体の変化に気付いたり，みんなで関わり合ったりする運動遊びです。本単元例は，心と体の状態を確認してから運動遊びをしたり，運動遊びをしてから心と体の変化を確かめたりする活動をしたり，みんなで関わり合って運動遊びをしたりすることで，体を動かすと心と体が変化することに気付いたり人それぞれに違いがあることを知ったりすることができる授業を展開するようにしています。

単元の目標

(1) 体ほぐしの運動遊びの行い方を知るとともに，手軽な運動遊びを行い，心と体の変化に気付いたり，みんなで関わり合ったりして遊ぶことができるようにする。
(2) 体をほぐす遊び方を工夫するとともに，考えたことを友達に伝えることができるようにする。
(3) 体ほぐしの運動遊びに進んで取り組み，きまりを守り誰とでも仲よく運動をしたり，場の安全に気を付けたりすることができるようにする。

指導と評価の計画〔4 時間（体つくりの運動遊びの 18 時間のうち）〕

時間		1	2	3	4	5	6	7
ねらい		体ほぐしの運動遊びの学習の見通しをもつ	体ほぐしの運動遊びの行い方を知り，遊び方を工夫して，みんなで楽しく遊ぶ			多様な動きをつくる運動遊びの学習の見通しをもつ		
学習活動		オリエンテーション 1 集合，挨拶，健康観察をする 2 単元の学習の見通しをもつ ○単元の目標と学習の進め方を知る。 ○学習のきまりを知る。 3 本時のねらいを知り，めあてを立てる 4 場や用具の準備をする ○場や用具の準備や片付けの仕方を知る。 5 準備運動をする ○準備運動の行い方を知る。 6 体ほぐしの運動遊びをする ○体ほぐしの運動遊びの行い方を知る。 ○みんなで体ほぐしの運動遊びをする。	1 集合，挨拶，健康観察をする 2 本時のねらいと学習内容を確認する 3 場や用具の準備をする 4 心と体の状態に気付く 5 準備運動をする 6 体ほぐしの運動遊びをする ○体ほぐしの運動遊びの行い方を知る。 ○みんなで体ほぐしの運動遊びをする。 ○体ほぐしの運動遊びの工夫の仕方を知る。 ○友達のよい動きを見付けたり，考えたりしたことを伝える。			オリエンテーション 1 集合，挨拶，健康観察をする 2 単元の学習の見通しをもつ ○単元の目標と学習の進め方を知る。 ○学習のきまりを知る。 3 本時のねらいを知り，めあてを立てる 4 場や用具の準備をする ○場や用具の準備や片付けの仕方を知る。 5 準備運動，体ほぐしの運動遊びをする ○準備運動，体ほぐしの運動遊びの行い方を知る。 6 多様な動きをつくる運動遊びをする ○多様な動きをつくる運動遊びの行い方を知る。 ○みんなで多様な動きをつくる運動遊びをする。	1 集合，挨拶， 4 準備運動， 5 力試しの運動 ○力試しの運動 ○みんなで力試 ○力試しの運動 ○楽しくできる る。 ○友達のよい動 える。 6 体を移動する ○体を移動する ○みんなで体を ○体を移動する ○楽しくできる をする。 ○友達のよい動 える。	
		7 本時を振り返り，次時への見通しをもつ　8 整理運動，場や用具の片付けをする　9 集合，健康観察，						
評価の重点	知識・技能	① 観察・学習カード				② 観察・学習カード		
	思考・判断・表現		① 観察・学習カード	③ 観察・学習カード				
	主体的に学習に取り組む態度				① 観察・学習カード		⑤ 観察・学習カード	

単元の評価規準

知識・技能	思考・判断・表現	主体的に学習に取り組む態度
①体ほぐしの運動遊びの行い方について，言ったり実際に動いたりしている。 ②多様な動きをつくる運動遊びの行い方について，言ったり実際に動いたりしている。 ③体のバランスをとる動きをして遊ぶことができる。 ④体を移動する動きをして遊ぶことができる。 ⑤用具を操作する動きをして遊ぶことができる。 ⑥力試しの動きをして遊ぶことができる。	①楽しくできる体ほぐしの運動遊びを選んでいる。 ②楽しくできる多様な動きをつくる運動遊びを選んでいる。 ③体ほぐしの運動遊びで，心と体の変化に気付いたり，工夫したりした楽しい遊び方を友達に伝えている。 ④多様な動きをつくる運動遊びで，友達のよい動きを見付けたり，工夫したりした楽しい遊び方を友達に伝えている。	①体ほぐしの運動遊びに進んで取り組もうとしている。 ②多様な動きをつくる運動遊びに進んで取り組もうとしている。 ③順番やきまりを守り，誰とでも仲よくしようとしている。 ④用具の準備や片付けを，友達と一緒にしようとしている。 ⑤場の安全に気を付けている。

8	9	10	11	12	13	14	15	16	17	18

多様な動きをつくる運動遊びの行い方を知り，遊び方を工夫してみんなで楽しく遊ぶ　／　学習のまとめをする

健康観察をする　2　本時のねらい知り，めあてを立てる　3場や用具の準備をする

体ほぐしの運動遊びをする

		学習のまとめ
遊びをする 遊びの行い方を知る。 しの運動遊びをする。 遊びの工夫の仕方を知る。 遊び方を選んで，力試しの運動遊びをす きを見付けたり，考えたりしたことを伝	5　体のバランスをとる運動遊びをする ○体のバランスをとる運動遊びの行い方を知る。 ○みんなで体のバランスをとる運動遊びをする。 ○体のバランスをとる運動遊びの工夫の仕方を知る。 ○楽しくできる遊び方を選んで，体のバランスをとる運動遊びをする。 ○友達のよい動きを見付けたり，考えたりしたことを伝える。	5　多様な動きつくる運動遊びをする ○楽しくできる遊び方を選んで，多様な動きをつくる運動遊びをする。 ○選んだ遊び方を友達に紹介したり，友達が選んだ遊び方で遊んだりする。
運動遊びをする 運動遊びの行い方を知る。 移動する運動遊びをする。 運動遊びの工夫の仕方を知る。 遊び方を選んで，体を移動する運動遊び きを見付けたり，考えたりしたことを伝	6　用具を操作する運動遊びをする ○用具を操作する運動遊びの行い方を知る。 ○みんなで用具を操作する運動遊びをする。 ○用具を操作する運動遊びの工夫の仕方を知る。 ○楽しくできる遊び方を選んで，用具を操作する運動遊びをする。 ○友達のよい動きを見付けたり，考えたりしたことを伝える。	6　単元を振り返り，学習のまとめをする 7　整理運動，場や用具の片付けをする 8　集合，健康観察，挨拶をする

挨拶をする

8	9	10	11	12	13	14	15	16	17	18
		③・⑤ 観察						④・⑥ 観察		
	② 観察・ 学習カード						④ 観察・ 学習カード			
③ 観察・ 学習カード					④ 観察・ 学習カード					② 観察・学習カード

本時の目標と展開①（1／18時間）

本時の目標

(1) 体ほぐしの運動遊びの行い方を知ることができるようにする。
(2) 楽しくできる体ほぐしの運動遊びを選ぶことができるようにする。
(3) 体ほぐしの運動遊びに進んで取り組むことができるようにする。

本時の展開

時間	学習内容・活動	指導上の留意点
5分	1　集合，挨拶，健康観察をする 2　単元の学習の見通しをもつ ○単元の目標と学習の進め方を知る。 ○学習をするグループを確認する。 ○学習のきまりを知る。	●掲示物を活用するなどしながら，分かりやすく説明する。 ●学習をするグループを事前に決めておく。
	学習のきまりの例 ・用具は正しく使いましょう。 ・安全に気を付けて遊びましょう。 ・友達との間隔をとって遊びましょう。 ・誰とでも仲よく遊びましょう。 ・準備や片付けは，友達と一緒にしましょう。	
	3　本時のねらいを知り，めあてを立てる	
	体ほぐしの運動遊びの学習の進め方を知り，学習の見通しをもとう	
	○本時のねらいを知り，自己のめあてを立てる。	●学習カードを配り，使い方を説明する。
10分	4　場や用具の準備をする ○場や用具の準備と片付けの仕方を知る。 ○みんなで協力して，準備をする。	●安全な準備と片付けの仕方を説明する。 ●安全に気を付けた準備をする様子を取り上げて，称賛する。
	場や用具の準備の仕方の例 ・活動をする場に危険物がないか気を付けて，見付けたら先生に知らせましょう。 ・遊びに使う用具は，決まった場所から使うものだけを取り，使い終わったら片付けましょう。 ・安全に運動遊びができるように服装などが整っているか，友達と確かめ合いましょう。	
	5　準備運動をする ○準備運動の行い方を知る。 ○みんなで準備運動をする。	●けがの防止のために適切な準備運動の行い方について，実際に動いて示しながら説明する。
	準備運動の行い方の例 肩，腕，手首，腿，膝，ふくらはぎ，足首などをほぐす運動を行う。	
10分	6　体ほぐしの運動遊びをする ○体ほぐしの運動遊びの行い方を知る。 ○みんなで体ほぐしの運動遊びをする。	●体ほぐしの運動遊びの行い方について，場を示したり，実際に動いて示したりしながら説明する。
	体ほぐしの運動遊びの行い方の例 ○伝承遊びや集団による運動遊び ・体全体を使ったじゃんけん 出会った友達と両手でハイタッチをしてから，じゃんけんをする。じゃんけんが終わったら握手をして相手と別れて，次の相手を探す。 ・グループで体全体を使ったじゃんけん グループの友達の肩に手を乗せ連なって進む。	

○自己の心と体の変化に気付く。	● 自己の心と体の変化について気付いたことを聞くとともに，気付きのよさを取り上げて，称賛する。

・楽しく運動遊びをすると，どんな気持ちになりますか。
・力いっぱい動くと，体はどうなりましたか。
　➡　汗が出ること，心臓の鼓動が激しくなることなどに気付くようにする。

◎**体を動かすことに意欲的でない児童への配慮の例**
➡　教室から友達と手をつないで体育館や運動場に移動するなど，授業前から友達と関わりながら自然に運動遊びに加わっていくことができるようにするなどの配慮をする。

15分	○体ほぐしの運動遊びの行い方を知る。 ○みんなで体ほぐしの運動遊びをする。	● 体ほぐしの運動遊びの行い方について，場を示したり，実際に動いて示したりしながら説明する。

体ほぐしの運動遊びの行い方の例
○リズムに乗って，心が弾むような動作で行う運動遊び
　・グループでリズムに乗りながら移動する。

　・グループで友達の真似をしながら踊る。
　　グループの中でリーダーを交代しながら，リズムに乗って楽しく移動したり踊ったりする。

◎**友達と楽しく運動遊びをすることが苦手な児童への配慮の例**
➡　友達とハイタッチや拍手で喜びを共有するなど，共に運動遊びをする楽しい雰囲気を実感することができるようにするなどの配慮をする。

	7　**本時を振り返り，次時への見通しをもつ**	

本時の振り返り
・体ほぐしの運動遊びの行い方について知ったことを，発表したり書いたりしましょう。
・運動遊びをして，心と体の変化について気付いたことを，発表したり書いたりしましょう。
・単元の学習で楽しみたいことなど，自己のめあてを書きましょう。

5分	○振り返りを発表して，友達に伝える。	● 振り返りを発表したり学習カードに記入したりするように伝えるとともに，気付きや考えのよさを取り上げて，称賛する。

◆**学習評価**◆　知識・技能
①**体ほぐしの運動遊びの行い方について，言ったり動いたりしている。**
➡　心と体の変化に気付いたり，みんなで関わり合ったりする体ほぐしの運動遊びの行い方について，発表したり学習カードに記入したりしていることを評価する。（観察・学習カード）

◎**体ほぐしの運動遊びの行い方を知ることが苦手な児童への配慮の例**
➡　個別に関わり，体ほぐしの運動遊びの行い方のポイントについて対話をしながら確認したり，どの運動遊びが楽しかったか問いかけたりするなどの配慮をする。

	8　整理運動，場や用具の片付けをする	● 整理運動の行い方について，実際に動いて示しながら説明するとともに，けががないかなどを確認する。
	9　集合，健康観察，挨拶をする

本時の目標と展開②（2／18時間）

本時の目標

(1) 体ほぐしの運動遊びの行い方を知ることができるようにする。
(2) 楽しくできる体ほぐしの運動遊びを選ぶことができるようにする。
(3) 体ほぐしの運動遊びに進んで取り組むことができるようにする。

本時の展開

時 間	学習内容・活動	指導上の留意点
10 分	1　集合，挨拶，健康観察をする 2　本時のねらいを知り，めあてを立てる	
	体ほぐしの運動遊びの遊び方を工夫し，いろいろな運動遊びをして，みんなで楽しく遊ぼう	
	○本時のねらいを知り，自己のめあてを立てる。	● 学習カードを配り，立てためあてを記入するように伝える。
	3　場や用具の準備をする ○みんなで協力して，準備をする。	● 安全な準備の仕方を確認する。
	4　心と体の状態を確認する ○顔のマークで，自己の心と体の状態に気付く。 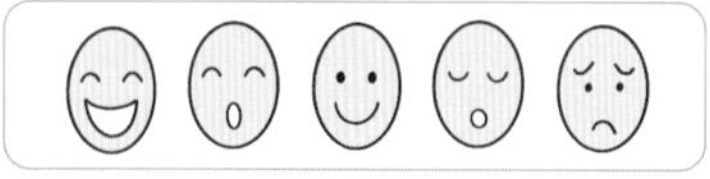	● 学習カードに示した顔のマークの使い方を説明する。 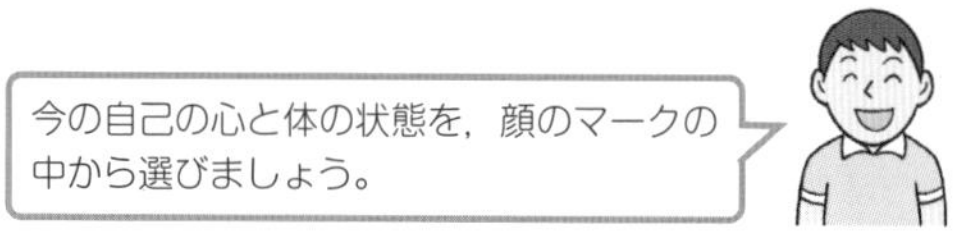
	5　準備運動をする ○みんなで準備運動をする。	● けがの防止のために適切な準備運動を行うように，実際に動いて示しながら伝える。
15 分	6　体ほぐしの運動をする ○自己の心と体の変化に気付くことができるような体ほぐしの運動遊びをする。	● 体ほぐし運動遊びの行い方について，場を示したり，実際に動いて示したりしながら説明する。
	体ほぐしの運動遊びの行い方の例 ○動作や人数などの条件を変えて，歩いたり走ったりする運動遊び  ・グループで手をつないでいろいろな方向に進む。  ・二人組で友達の後ろについて走る。 ○伸び伸びとした動作で操作しやすい用具などを用いた運動遊び  ・二人組で伸び伸びとした動作で体をほぐす。  ・グループでフープリレーをする。	

15分

○自己の心と体の変化に気付く。

●心と体の変化について気付いたことを聞くとともに，気付きのよさを取り上げて，称賛する。

・友達と関わり合って運動遊びをしたら，気持ちはどう変わりましたか。
・遊んでいるときや遊び終わったとき，体はどうなりましたか。
➡　汗が出ること，心臓の鼓動が激しくなることなどに気付くようにする。

○体ほぐし運動遊びの工夫の仕方を知る。
○楽しくできる遊び方を選んで，体ほぐしの運動遊びをする。

●体ほぐし運動遊びの工夫の仕方について，場を示したり，実際に動いて示したりしながら説明する。

体ほぐしの運動遊びの行い方の工夫の仕方の例

○人数や方向を工夫して遊ぶ

・グループで円をつくりいろいろな方向に進む。

○手のつなぎ方や用具の数を工夫して遊ぶ

・手をつないで円になって行う。
・フープの数を増やして挑戦する。

●楽しくできる遊び方を選んでいることを取り上げて，称賛する。

◆学習評価◆　思考・判断・表現
①楽しくできる体ほぐしの運動遊びを選んでいる。

➡　できそうな運動遊びや友達一緒に行うと楽しい運動遊びなどを選んでいる姿を評価する。（観察・学習カード）

◎運動遊びを選ぶことが苦手な児童への配慮の例

➡　友達が選んだ遊び方で一緒に遊んだり，他のグループが選んでいる遊び方の真似をしたりして，楽しくできる運動遊びを見付るようにするなどの配慮をする。

○友達のよい動きを見付けたり，考えたりしたことを伝える。

●見付けたり考えたりしたことを伝えていることを取り上げて，称賛する。

◎見付けたり考えたりしたことを伝えることが苦手な児童への配慮の例

➡　個別に関わり，見付けたり考えたりしたことを聞き取って友達に伝えることを支援したり，友達と二人で伝え合う場面を設けたりするなどの配慮をする。

5分

7　本時を振り返り，次時への見通しをもつ

○顔のマークで，自己の心と体の変化に気付く。

本時の振り返り
・運動遊びして，心と体の変化について気付いたことを，発表したり書いたりしましょう。
・運動遊びを工夫して，見付けたことや考えたことを，発表したり書いたりしましょう。

○振り返りを発表して，友達に伝える。

●振り返りを発表したり学習カードに記入したりするように伝えるとともに，気付きや考えのよさを取り上げて，称賛する。

8　整理運動，場や用具の片付けをする

●適切な整理運動を行うように，実際に動いて示しながら伝えるとともに，けががないかなどを確認する。

9　集合，健康観察，挨拶をする

本時の目標と展開③（4／18時間）

本時の目標

(1) 体ほぐしの運動遊びの行い方を知ることができるようにする。
(2) 体ほぐしの運動遊びで，心と体の変化に気付いたり，工夫したりした楽しい遊び方を友達に伝えることができるようにする。
(3) 体ほぐしの運動遊びに進んで取り組むことができるようにする。

本時の展開

時間	学習内容・活動	指導上の留意点
10 分	1　集合，挨拶，健康観察をする 2　本時のねらいを知り，めあてを立てる	
	いろいろな体ほぐしの運動遊びをして，みんなで楽しく遊んで，学習のまとめをしよう	
	○本時のねらいを知り，自己のめあてを立てる。	●学習カードを配り，立てためあてを記入するように伝える。
	3　場や用具の準備をする ○みんなで協力して，準備をする。	●安全な準備の仕方を確認する。
	4　心と体の状態に気付く ○顔のマークで，自己の心と体の状態に気付く。	●顔のマークで，心と体の状態を確かめるように伝える。
	5　準備運動をする ○みんなで準備運動をする。	●けがの防止のために適切な準備運動を行うように，実際に動いて示しながら伝える。
25 分	6　体ほぐしの運動遊びをする ○体ほぐしの運動遊びの行い方を知る。 ○みんなで体ほぐしの運動遊びをする。	●体ほぐしの運動遊びの工夫の仕方について，場を示したり，実際に動いて示したりしながら説明する。
	伝承遊びや集団による体ほぐしの運動遊びの行い方の例 ○伝承遊びや集団による体ほぐしの運動遊び  ・子取り鬼  ・だるまさんが転んだ	
	○楽しくできる体ほぐしの運動遊びを選んで，体ほぐしの運動遊びをする。	●楽しくできる遊び方を選んでいることを取り上げて，称賛する。 ●体ほぐしの運動遊びに進んで取り組もうとしている様子を取り上げて，称賛する。 ◆学習評価◆　主体的に学習に取り組む態度 ①体ほぐしの運動遊びに進んで取り組もうとしている。 ➡　体ほぐしの運動遊びで心と体の変化に気付いたり，みんなで関わり合ったりすることなどに進んで取り組もうとしている姿を評価する。（観察・学習カード）
	○顔のマークで，自己の心と体の変化に気付く。	●心と体の変化について気付いたことを聞くとともに，気付きのよさを取り上げて，称賛する。
10 分	7　単元を振り返り，学習のまとめをする	
	単元の学習の振り返り ・単元の学習で楽しかったことや心と体の変化について，気付いたことを，発表したり書いたりしましょう。 ・学習したことで，今後も取り組んでいきたいとことを，発表したり書いたりしましょう。 	
	○振り返りを発表して，友達に伝える。	●振り返りを学習カードに記入するように伝えるとともに，気付きや考えのよさを取り上げて，称賛する。
	8　整理運動，場や用具の片付けをする	●適切な整理運動を行うように，実際に動いて示しながら伝えるとともに，けががないかなどを確認する。
	9　集合，健康観察，挨拶をする	

体ほぐしの運動遊びの取扱い

【第2学年における指導と評価の計画（例）】

時間		1	2～4	5	6～11	12～17	18
ねらい		学習の見通しをもつ	体ほぐしの運動遊びを工夫して友達と楽しむ	学習の見通しをもつ	多様な動きをつくる運動遊びを工夫して友達と楽しむ		学習のまとめをする
学習活動		**オリエンテーション** **○学習の見通しをもつ** ・学習の進め方 ・学習のきまり **○体ほぐしの運動遊び** みんなで運動遊びをする	**体ほぐしの運動遊び** **○体ほぐしの運動遊び** ・自己の心と体の変化に気付く ・みんなで関わり合う **○学習のまとめをする**	**オリエンテーション** **○学習の見通しをもつ** ・学習の進め方 ・学習のきまり **○多様な動きをつくる運動遊び** みんなで運動遊びをする	**多様な動きをつくる運動遊び** **○力試しの運動遊び** ・いろいろな運動遊びをする ・遊び方を工夫する **○体を移動する運動遊び** ・いろいろな運動遊びをする ・遊び方を工夫する	**多様な動きをつくる運動遊び** **○体のバランスをとる運動遊び** ・いろいろな運動遊びをする ・遊び方を工夫する **○用具を操作する運動遊び** ・いろいろな運動遊びをする ・遊び方を工夫する	**学習のまとめ** **○多様な動きをつくる運動遊び** 楽しくできる運動遊びを選ぶ **○単元のまとめをする**
評価の重点	知識・技能	① 観察・学習カード		② 観察・学習カード	③・⑤ 観察	④・⑥ 観察	
	思考・判断・表現		①・③ 観察・学習カード		② 観察・学習カード	④ 観察・学習カード	
	主体的に学習に取り組む態度		① 観察・学習カード		③・⑤ 観察・学習カード	④ 観察・学習カード	② 観察・学習カード

【体ほぐしの運動遊びの内容の取扱い】

● 2学年間にわたって指導すること

小学校学習指導要領に『「A 体つくりの運動遊び」については，2学年間にわたって指導するものとする。』とあるように，低学年の「体ほぐしの運動遊び」は，第1学年と第2学年の両方で指導するように年間指導計画を作成しましょう。

第2学年は，第1学年で取り扱った運動遊びを行うことでこれまでの学習を思い起こしたり，新たな運動遊びを行ったりするなど，本手引を参考にするなどして第2学年に適した運動遊びを選んで取り扱うようにしましょう。なお，体ほぐしの運動遊びと多様な動きをつくる運動遊びにおいて，取り上げる運動遊びが似通ってくることが考えられますので，各々のねらいを明確にして運動遊びの行い方を意図的に取り扱うようにしましょう。

● 体ほぐしの運動遊びの趣旨を生かした指導ができること

体ほぐしの運動遊びの「手軽な運動遊びを行い，心と体の変化に気付いたり，みんなで関わり合ったりすること」などの趣旨を生かした指導は，体つくりの運動遊び以外の領域においても行うことができます。本手引では，その一例として，『表現遊び「いきものランド」，リズム遊び』の指導と評価の計画の中で，主運動である表現遊びやリズム遊びに取り組む前に，体ほぐしの運動遊びの趣旨を生かした指導を行う場面を設けました。このことを参考にするなどして，他の領域においても体ほぐしの運動遊びの趣旨を生かした指導が必要な場合は，効果的に取り入れるようにしましょう。

● 運動と健康が関わっていることについての具体的な考えがもてるように指導すること

体ほぐしの運動遊びに限らず，各領域の各内容については，体は活発に運動をしたり長く運動をしたりすると汗が出たり心臓の鼓動や呼吸が速くなったりすること，体を使って元気に運動することは体を丈夫にし健康によいことなど，運動と健康が関わっていることについて指導するようにしましょう。特に，体ほぐしの運動遊びは，手軽な運動を行い心と体の変化に気付くことを直接的なねらいとしていることから，この指導をしやすい内容であると捉えて，児童が具体的な考えがもてるように指導するようにしましょう。

【体ほぐしの運動遊びの評価】

● 技能に関する評価規準は設定しないこと

体ほぐしの運動遊びの指導内容は，「知識及び運動」「思考力，判断力，表現力等」「学びに向かう力，人間性等」としています。これは，体ほぐしの運動遊びは，心と体との変化に気付いたり，みんなで関わり合ったりすることが主なねらいであり，特定の技能を示すものではないことから，各領域と同じ「知識及び技能」ではなく，「知識及び運動」としているものです。

そのため，評価においても，技能に関する評価規準は設定しないこととしています。評価の観点の名称は，各領域と同じ「知識・技能」ですが，そこには，体ほぐしの運動遊びの行い方を知っていることを評価する，知識に関する評価規準のみを設定しましょう。

A
体つくりの運動遊び

多様な動きをつくる運動遊び（第2学年）

多様な動きをつくる運動遊びは，体を動かす楽しさに触れるとともに，体のバランスをとる動き，体を移動する動き，用具を操作する動き，力試しの動きをして，様々な基本的な動きを身に付ける運動遊びです。本単元例は，１時間の中で二つの運動遊びを設定することで，それぞれの運動遊びの行い方を知りながら，四つの基本的な動きを身に付ける運動遊びをして遊ぶことができる授業を展開するようにしています。

単元の目標

(1) 多様な動きをつくる運動遊びの行い方を知るとともに，体のバランスをとる動き，体を移動する動き，用具を操作する動き，力試しの動きをして遊ぶことができるようにする。
(2) 多様な動きをつくる遊び方を工夫するとともに，考えたことを友達に伝えることができるようにする。
(3) 多様な動きをつくる運動遊びに進んで取り組み，きまりを守り誰とでも仲よく運動をしたり，場の安全に気を付けたりすることができるようにする。

指導と評価の計画〔14 時間（体つくりの運動遊びの 18 時間のうち）〕

時　間	1	2	3	4	5	6	7
ねらい	体ほぐしの運動遊びの学習の見通しをもつ	体ほぐしの運動遊びの行い方を知り，遊び方を工夫して，みんなで楽しく遊ぶ			多様な動きをつくる運動遊びの学習の見通しをもつ		
学習活動	オリエンテーション 1　集合，挨拶，健康観察をする 2　単元の学習の見通しをもつ ○単元の目標と学習の進め方を知る。 ○学習のきまりを知る。 3　本時のねらいを知り，めあてを立てる 4　場や用具の準備をする ○場や用具の準備や片付けの仕方を知る。 5　準備運動をする ○準備運動の行い方を知る。 6　体ほぐしの運動遊びをする ○体ほぐしの運動遊びの行い方を知る。 ○みんなで体ほぐしの運動遊びをする。	1　集合，挨拶，健康観察をする 2　本時のねらいと学習内容を確認する 3　場や用具の準備をする 4　心と体の状態に気付く 5　準備運動をする 6　体ほぐしの運動遊びをする ○体ほぐしの運動遊びの行い方を知る。 ○みんなで体ほぐしの運動遊びをする。 ○体ほぐしの運動遊びの工夫の仕方を知る。 ○友達のよい動きを見付けたり，考えたりしたことを伝える。			オリエンテーション 1　集合，挨拶，健康観察をする 2　単元の学習の見通しをもつ ○単元の目標と学習の進め方を知る。 ○学習のきまりを知る。 3　本時のねらいを知り，めあてを立てる 4　場や用具の準備をする ○場や用具の準備や片付けの仕方を知る。 5　準備運動，体ほぐしの運動遊びをする ○準備運動，体ほぐしの運動遊びの行い方を知る。 6　多様な動きをつくる運動遊びをする ○多様な動きをつくる運動遊びの行い方を知る。 ○みんなで多様な動きをつくる運動遊びをする。	1　集合，挨拶， 4　準備運動， 5　力試しの運動 ○力試しの運動 ○みんなで力試 ○力試しの運動 ○楽しくできる る。 ○友達のよい動 える。 6　体を移動する ○体を移動する ○みんなで体を ○体を移動する ○楽しくできる をする。 ○友達のよい動 える。	
	7　本時を振り返り，次時への見通しをもつ　8　整理運動，場や用具の片付けをする　9　集合，健康観察，						
評価の重点　知識・技能	① 観察・学習カード				② 観察・学習カード		
評価の重点　思考・判断・表現		① 観察・学習カード	③ 観察・学習カード				
評価の重点　主体的に学習に取り組む態度				① 観察・学習カード		⑤ 観察・学習カード	

単元の評価規準

知識・技能	思考・判断・表現	主体的に学習に取り組む態度
①体ほぐしの運動遊びの行い方について，言ったり実際に動いたりしている。 ②多様な動きをつくる運動遊びの行い方について，言ったり実際に動いたりしている。 ③体のバランスをとる動きをして遊ぶことができる。 ④体を移動する動きをして遊ぶことができる。 ⑤用具を操作する動きをして遊ぶことができる。 ⑥力試しの動きをして遊ぶことができる。	①楽しくできる体ほぐしの運動遊びを選んでいる。 ②楽しくできる多様な動きをつくる運動遊びを選んでいる。 ③体ほぐしの運動遊びで，心と体の変化に気付いたり，工夫したりした楽しい遊び方を友達に伝えている。 ④多様な動きをつくる運動遊びで，友達のよい動きを見付けたり，工夫したりした楽しい遊び方を友達に伝えている。	①体ほぐしの運動遊びに進んで取り組もうとしている。 ②多様な動きをつくる運動遊びに進んで取り組もうとしている。 ③順番やきまりを守り，誰とでも仲よくしようとしている。 ④用具の準備や片付けを，友達と一緒にしようとしている。 ⑤場の安全に気を付けている。

8	9	10	11	12	13	14	15	16	17	18
多様な動きをつくる運動遊びの行い方を知り，遊び方を工夫してみんなで楽しく遊ぶ										学習のまとめをする

健康観察をする　2　本時のねらい知り，めあてを立てる　3　場や用具の準備をする

体ほぐしの運動遊びをする

をとる運動遊びをする
をとる運動遊びの行い方を知る。
バランスをとる運動遊びをする。
をとる運動遊びの工夫の仕方を知る。
遊び方を選んで，体のバランスをとる運
る。
きを見付けたり，考えたりしたことを伝

運動遊びをする
運動遊びの行い方を知る。
移動する運動遊びをする。
運動遊びの工夫の仕方を知る。
遊び方を選んで，体を移動する運動遊び

きを見付けたり，考えたりしたことを伝

5　力試しの運動遊びをする
○力試しの運動遊びの行い方を知る。
○みんなで力試しの運動遊びをする。
○力試しの運動遊びの工夫の仕方を知る。
○楽しくできる遊び方を選んで，力試しの運動遊びをする。
○友達のよい動きを見付けたり，考えたりしたことを伝える。

6　用具を操作する運動遊びをする
○用具を操作する運動遊びの行い方を知る。
○みんなで用具を操作する運動遊びをする。
○用具を操作する運動遊びの工夫の仕方を知る。
○楽しくできる遊び方を選んで，用具を操作する運動遊びをする。
○友達のよい動きを見付けたり，考えたりしたことを伝える。

挨拶をする

学習のまとめ

5　多様な動きつくる運動遊びをする
○楽しくできる多様な動きをつくる運動遊びを選んで遊ぶ。
○選んだ遊び方を友達に紹介したり，友達が選んだ遊び方で遊んだりする。

6　単元を振り返り，学習のまとめをする

7　整理運動，場や用具の片付けをする

8　集合，健康観察，挨拶をする

8	9	10	11	12	13	14	15	16	17	18
		③・④ 観察						⑤・⑥ 観察		
	② 観察・学習カード						④ 観察・学習カード			
③ 観察・学習カード					④ 観察・学習カード					② 観察・学習カード

本時の目標と展開①（5／18時間）

本時の目標

(1) 多様な動きをつくる運動遊びの行い方を知ることができるようにする。
(2) 楽しくできる多様な動きをつくる運動遊びを選ぶことができるようにする。
(3) 場の安全に気を付けることができるようにする。

本時の展開

時 間	学習内容・活動	指導上の留意点
5 分	1　**集合，挨拶，健康観察をする** 2　**単元の学習の見通しをもつ** ○単元の目標と学習の進め方を知る。 ○学習をするグループを確認する。 ○学習のきまりを知る。	●掲示物を活用するなどしながら，分かりやすく説明する。 ●学習をするグループを事前に決めておく。
	学習のきまりの例 ・用具は正しく使いましょう。 ・安全に気を付けて遊びましょう。 ・友達との間隔をとって遊びましょう。 ・誰とでも仲よく遊びましょう。 ・準備や片付けは，友達と一緒にしましょう。 	
	3　**本時のねらいを知り，めあてを立てる** **多様な動きをつくる運動遊びの学習の進め方を知り，学習の見通しをもとう** ○本時のねらいを知り，自己のめあてを立てる。	●学習カードを配り，使い方を説明する。
15 分	4　**場や用具の準備をする** ○場や用具の準備と片付けの仕方を知る。 ○みんなで協力して，準備をする。	●安全な準備と片付けの仕方を説明する。 ●安全に気を付けた準備をする様子を取り上げて，称賛する。
	場や用具の準備の仕方の例 ・活動をする場に危険物がないか気を付けて，見付けたら先生に知らせましょう。 ・遊びに使う用具は，決まった場所から使うものだけを取り，使い終わったら片付けましょう。 ・安全に運動遊びができるように服装などが整っているか，友達と確かめ合いましょう。 	
	5　**準備運動，体ほぐしの運動遊びをする** ○準備運動，体ほぐしの運動遊びの行い方を知る。 ○みんなで，準備運動，体ほぐしの運動遊びをする。	●けがの防止のために適切な準備運動の行い方について，実際に動いて示しながら説明する。
	準備運動の行い方の例 肩，腕，手首，もも，膝，ふくらはぎ，足首などをほぐす運動を行う。 体ほぐしの運動遊びの行い方の例  ・子取り鬼  ・グループで体全体を使ったじゃんけん	
		◎友達と関わり合うことに意欲的でない児童への配慮の例 ➡　ペアやグループで調子を合わせて動くことによって，気持ちも弾んでくることが実感できる運動遊びを準備したり，意欲が感じられる児童のつぶやきや動きを取り上げて共感したりするなどの配慮をする。

20分

6　多様な動きをつくる運動遊びをする

○多様な動きをつくる運動遊びの行い方を知る。

○みんなで多様な動きをつくる運動遊びをする。

● **多様な動きをつくる運動遊びの行い方について，場を示したり，実際に動いて示したりしながら説明する。**

多様な動きをつくる運動遊びの行い方の例

これまでに学習した「多様な動きをつくる運動遊び」を思い出してみましょう。

○体を移動する運動遊び

いろいろな進み方で移動する。

・横向きに進む。(カニ)

・這って進む。(ワニ)

・足首をつかんで進む。(ヒヨコ)

○力試しの運動遊び

雑巾の上に乗った友達を引いて運ぶ。

・両手で引く。

・片手で引く。

○体のバランスをとる運動遊び

しゃがんだ姿勢で手を合わせ，バランスを崩し合う。

○用具を操作する運動遊び

フープを回したり，転がしたりする。

・手首で回す。

・腰で回す。

・足首で回す。

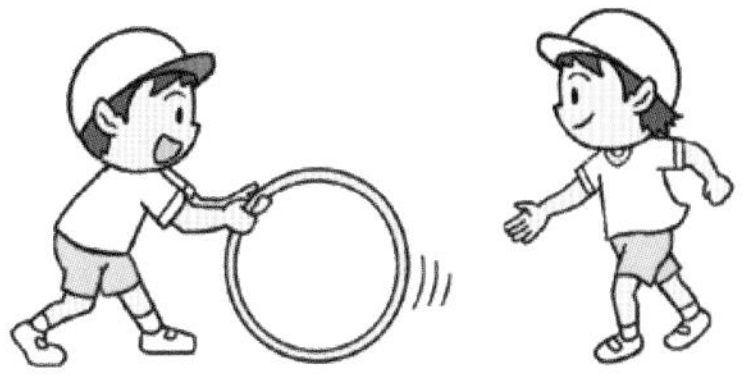

・友達と向かい合って転がす。

5分

7　本時を振り返り，次時への見通しをもつ

本時の振り返り
・多様な動きをつくる運動遊びの行い方について，知ったことを発表したり書いたりしましょう。
・単元の学習で身に付けたいことや楽しみたいことなど，自己のめあてを書きましょう。

○振り返りを発表して，友達に伝える。

● **振り返りを発表したり学習カードに記入したりするように伝えるとともに，気付きや考えのよさを取り上げて，称賛する。**

◆学習評価◆　知識・技能

②多様な動きをつくる運動遊びの行い方について，言ったり実際に動いたりしている。

➡　多様な動きをつくる運動遊びの行い方について，発表したり学習カードに記入したりしていることを評価する。（観察・学習カード）

◎多様な動きをつくる運動遊びの行い方を知ることが苦手な児童への配慮の例

➡　個別に関わり，行い方のポイントについて対話をしながら確認をするなどの配慮をする。

8　整理運動，場や用具の片付けをする

● **整理運動の行い方について，実際に動いて示しながら説明するとともに，けががないかなどを確認する。**

9　集合，健康観察，挨拶をする

本時の目標と展開②（9／18時間）

本時の目標

(1) 体を移動する動き，力試しの動きをして遊ぶことができるようにする。
(2) 楽しくできる多様な動きをつくる運動遊びを選ぶことができるようにする。
(3) 用具の準備や片付けを，友達と一緒にすることができるようにする。

本時の展開

時間	学習内容・活動	指導上の留意点
10分	1　集合，挨拶，健康観察をする 2　本時のねらいを知り，めあてを立てる	
	力試しの運動遊びと体を移動する運動遊びの遊び方を工夫して，みんなで楽しく遊ぼう	
	○本時のねらいを知り，自己のめあてを立てる。	●学習カードを配り，立てためあてを記入するように伝える。
	3　場や用具の準備をする ○みんなで協力して，準備をする。	●安全な準備の仕方を確認する。
	4　準備運動，体ほぐしの運動遊びをする ○みんなで準備運動，体ほぐしの運動遊びをする。	●けがの防止のために適切な準備運動を行うように，実際に動いて示しながら伝える。 ●学習した運動遊びの中から選んだ体ほぐしの運動遊びの行い方ついて，実際に動いて示しながら説明する。
15分	5　力試しの運動遊びをする ○力試しの運動遊びの行い方を知る。 ○みんなで力試しの運動遊びをする。	●力試しの運動遊びの行い方について，場を示したり，実際に動いて示したりしながら説明する。

力試しの運動遊びの行い方の例
○人を押す，引く動きや力比べをするなどの動きで構成される運動遊び

・押す役と押されないように踏ん張る役を決めてすもう遊びをする。

・引く役と引かれないように踏ん張る役を決めて引き合い遊びをする。

◎力試しの運動遊びが苦手な児童への配慮の例
➡　すもう遊びや力比べが苦手な児童には，力を入れたり緩めたりする行い方について助言したり，力を加減するタイミングをつかめるように声をかけたりするなどの配慮をする。

時間	学習内容・活動	指導上の留意点
	○力試しの運動遊びの工夫の仕方を知る。 ○楽しくできる遊び方を選んで，力試しの運動遊びをする。	●力試しの運動遊びの工夫の仕方について，場を示したり，実際に動いて示したりしながら説明する。

力試しの運動遊びの工夫の仕方の例
○力比べをする

・場を決めて押し出す相撲遊びをする。

・タオルを引いたり緩めたりしながら力比べをする。

時間	学習内容・活動	指導上の留意点
	○友達のよい動きを見付けたり，考えたりしたことを伝える。	●見付けたり考えたりしたことを伝えていることを取り上げて，称賛する。

6　体を移動する運動遊びをする ○体を移動する運動遊びの行い方を知る。 ○みんなで体を移動する運動遊びをする。	●体を移動する運動遊びの行い方について，場を示したり，実際に動いて示したりしながら説明する。

体を移動する運動遊びの行い方の例
○跳ぶ，跳ねるなどの動きで構成される運動遊び
グループで連なって両足ではねながら進む。

○一定の速さでのかけ足
無理のない速さで2～3分程度続ける。

◎**体を移動する運動遊びが苦手な児童への配慮の例**
➡　跳ぶ，はねるなどの動きが苦手な児童には，跳ぶ方向が分かるよう矢印を置いたり，はねた際に手でタッチをできるように目印をぶら下げたりするなど，場や用具の準備をするなどの配慮をする。

○体を移動する運動遊びの工夫の仕方を知る。 ○楽しくできる遊び方を選んで，体を移動する運動遊びをする。	●体を移動する運動遊びの工夫の仕方について，場を示したり，実際に動いて示したりしながら説明する。

15分

体を移動する運動遊びの工夫の仕方の例
○はね方のリズムや方向，高さを工夫する

・先頭の人の行い方を真似してはねる。
　両足や片足でいろいろなはね方をする。

○遊ぶ場を工夫する

・走るコースをみんなで工夫するなど，楽しく続けることができるような配慮をする。

●楽しくできる遊び方を選んでいることを取り上げて，称賛する。

◆**学習評価**◆　思考・判断・表現
②楽しくできる多様な動きをつくる運動遊びを選んでいる。
➡　できそうな運動遊びや友達一緒に行うと楽しい運動遊びなどを選んでいる姿を評価する。（観察・学習カード）

◎**運動遊びを選ぶことが苦手な児童への配慮の例**
➡　友達が選んだ遊び方で一緒に遊んだり，他のグループが選んでいる遊び方の真似をしたりして，楽しくできる運動遊びを見付けるようにするなどの配慮をする。

○友達のよい動きを見付けたり，考えたりしたことを伝える。	●見付けたり考えたりしたことを伝えていることを取り上げて，称賛する。

5分

7　本時を振り返り，次時への見通しをもつ

本時の振り返り
・楽しく遊ぶことができた運動遊びを，発表したり書いたりしましょう。
・友達の動きを見て見付けたことを，発表したり書いたりしましょう。

○振り返りを発表して，友達に伝える。	●振り返りを発表したり学習カードに記入したりするように伝えるとともに，気付きや考えのよさを取り上げて，称賛する。
8　整理運動，場や用具の片付けをする	●適切な整理運動を行うように，実際に動いて示しながら伝えるとともに，けががないかなどを確認する。
9　集合，健康観察，挨拶をする

本時の目標と展開③（15／18時間）

本時の目標

(1) 体のバランスをとる動き，用具を操作する動きをして遊ぶことができるようにする。
(2) 多様な動きをつくる運動遊びで，友達のよい動きを見付けたり，工夫したりした楽しい遊び方を友達に伝えることができるようにする。
(3) 多様な動きをつくる運動遊びに進んで取り組むことができるようにする。

本時の展開

時間	学習内容・活動	指導上の留意点
10分	1　集合，挨拶，健康観察をする 2　本時のねらいを確認する	
	体のバランスをとる運動遊びと用具を操作する運動遊びの遊び方を工夫して，みんなで楽しく遊ぼう	
	○本時のねらいを知り,自己のめあてを立てる。	●学習カードを配り，立てためあてを記入するように伝える。
	3　場や用具の準備をする ○みんなで協力して，準備をする。	●安全な準備の仕方を確認する。
	4　準備運動，体ほぐしの運動遊びをする ○みんなで準備運動をする。	●けがの防止のために適切な準備運動を行うように，実際に動いて示しながら伝える。
	○みんなで体ほぐしの運動遊びをする。	●学習した運動遊びの中から選んだ体ほぐしの運動遊びの行い方ついて，実際に動いて示しながら説明する。
15分	5　体のバランスをとる運動遊びをする ○体のバランスをとる運動遊びの行い方を知る。 ○みんなで体のバランスをとる運動遊びをする。	●体のバランスをとる運動遊びの行い方について，場を示したり，実際に動いて示したりしながら説明する。
	体のバランスをとる運動遊びの行い方の例 ○座る，立つなどの動きで構成される運動遊び 二人組でバランスをとり合って，立ったり座ったりする。  ・肩を組んで  ・背中を合わせて	○寝転ぶ，起きるなどの動きで構成される運動遊び 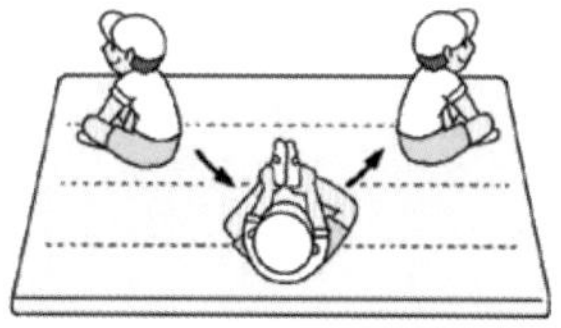 ・足の裏を合わせ，足先を両手で持ち，転がって起きる。
		◎体のバランスをとる運動遊びが苦手な児童への配慮の例 ➡　二人組などになって同時に座る，立つなどの動きが苦手な児童には，補助を受けながら単独での動きを試みるなどの配慮をする。
	○体のバランスをとる運動遊びの工夫の仕方を知る。 ○楽しくできる遊び方を選んで，体のバランスをとる運動遊びをする。	●体のバランスをとる運動遊びの工夫の仕方について，場を示したり，実際に動いて示したりしながら説明する。
	体のバランスをとる運動遊びの工夫の仕方の例 ○人数や行い方を工夫する  ・三人組で背中を合わせて  ・四人組で向かい合って	○友達と一緒に行う 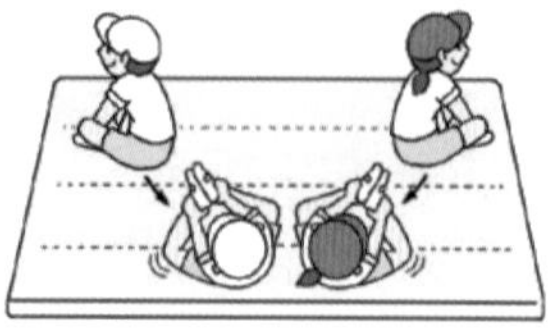 ・二人組でぶつからないように並んで転がる。
	○友達のよい動きを見付けたり，考えたりしたことを伝える。	●見付けたり考えたりしたことを伝えていることを取り上げて，称賛する。

15分

6　用具を操作する運動遊びをする

○用具を操作する運動遊びの行い方を知る。
○みんなで用具を操作する運動遊びをする。

●**用具を操作する運動遊びの行い方について，場を示したり，実際に動いて示したりしながら説明する。**

用具を操作する運動遊びの行い方の例

○用具をくぐる，跳ぶなどの動きで構成される運動遊び

・長なわで大波・小波をしたり，回っているなわをくぐり抜けたりする。

○用具に乗るなどの動きで構成される運動遊び

・足場の低い易しい竹馬などに乗り，歩く。

◎用具を操作する運動遊びが苦手な児童への配慮の例

➡　なわを跳んだり，くぐったりすることが苦手な児童には，跳び越す位置や動き方を示したり，かけ声によってタイミングを合わせることができるようにするなどの配慮をする。

○用具を操作する運動遊びの工夫の仕方を知る。
○楽しくできる遊び方を選んで，用具を操作する運動遊びをする。

●**用具を操作する運動遊びの工夫の仕方について，場を示したり，実際に動いて示したりしながら説明する。**

用具を操作する運動遊びの工夫の仕方の例

○跳ぶ動き方を工夫する

・回って跳んだり，跳ぶときにポーズをしたりする。

○遊ぶ場を工夫する

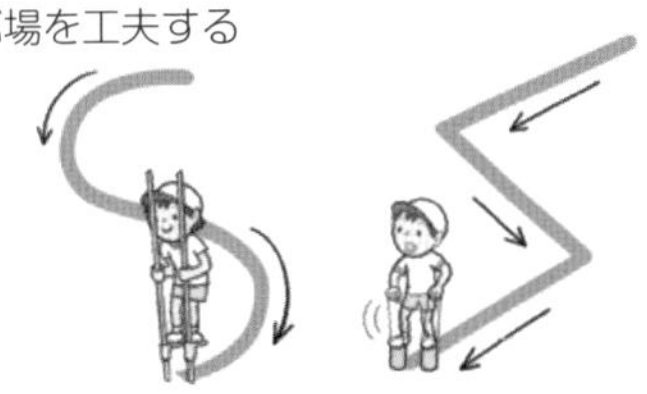

・いろいろなコースを作って，進む。

○友達のよい動きを見付けたり，考えたりしたことを伝える。

●**見付けたり考えたりしたことを伝えていることを取り上げて，称賛する。**

◆学習評価◆　思考・判断・表現
④多様な動きをつくる運動遊びで，友達のよい動きを見付けたり，工夫したりした楽しい遊び方を友達に伝えている。

➡　友達の動きを見て見付けたよい動きや，行ってみて楽しいと感じた運動遊びの行い方を友達に伝えている姿を評価する。（観察・学習カード）

◎見付けたり，工夫したりしたことを友達に伝えることが苦手な児童への配慮の例

➡　個別に関わり，見付けたり考えたりしたことを聞き取って友達に伝えることを支援したり，友達と二人で伝え合う場面を設けたりするなどの配慮をする

5分

7　本時を振り返り，次時への見通しをもつ

本時の振り返り
・楽しく遊ぶことができた運動遊びを，発表したり書いたりしましょう。
・友達の動きを見て見付けたことを，発表したり書いたりしましょう。

○振り返りを発表して，友達に伝える。

●**振り返りを発表したり学習カードに記入したりするように伝えるとともに，気付きや考えのよさを取り上げて，称賛する。**

8　整理運動，場や用具の片付けをする

●**適切な整理運動を行うように，実際に動いて示しながら伝えるとともに，けががないかなどを確認する。**

9　集合，健康観察，挨拶をする

本時の目標と展開④（18／18時間）

本時の目標

(1) 体のバランスをとる動き，用具を操作する動きをして遊ぶことができるようにする。
(2) 多様な動きをつくる運動遊びで，友達のよい動きを見付けたり，工夫したりした楽しい遊び方を友達に伝えることができるようにする。
(3) 多様な動きをつくる運動遊びに進んで取り組むことができるようにする。

本時の展開

時間	学習内容・活動	指導上の留意点
10分	1　集合，挨拶，健康観察をする 2　本時のねらいを確認する	
	多様な動きをつくる運動遊びの工夫した遊び方を紹介し合って，学習のまとめをしよう	
	○本時のねらいを知り,自己のめあてを立てる。	●学習カードを配り，立てためあてを記入するように伝える。
	3　場や用具の準備をする ○みんなで協力して，準備をする。	●安全な準備の仕方を確認する。
	4　準備運動，体ほぐしの運動遊びをする ○みんなで準備運動をする。	●けがの防止のために適切な準備運動を行うように，実際に動いて示しながら伝える。
	○みんなで体ほぐしの運動遊びをする。	●学習した運動遊びの中から選んだ体ほぐしの運動遊びの行い方ついて，実際に動いて示しながら説明する。
25分	5　多様な動きつくる運動遊びをする ○楽しくできる遊び方を選んで，多様な動きをつくる運動遊びをする。	●それぞれの運動遊びに取り組む場について，その場所を示しながら説明する。
	場の設定の仕方の例 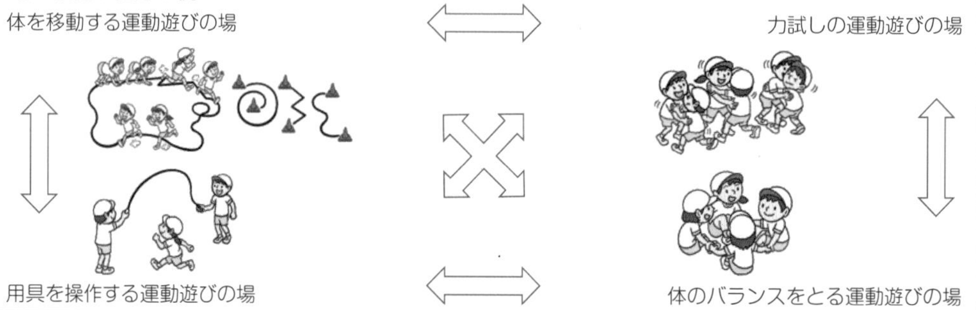	
	○選んだ遊び方を友達に紹介したり，友達が選んだ遊び方で遊んだりする。	●多様な動きをつくる運動遊びに進んで取り組もうとしている様子を取り上げて，称賛する。 **◆学習評価◆　主体的に学習に取り組む態度** **②多様な動きをつくる運動遊びに進んで取り組もうとしている。** ➡　自己が選んだ多様な動きをつくる運動遊びをしたり，選んだ遊び方を友達に紹介したりする活動などに進んで取り組もうとしている姿を評価する。（観察・学習カード）
10分	6　単元を振り返り，学習のまとめをする	
	単元の学習の振り返り ・単元の学習で楽しかったことやできるようになったことを，発表したり書いたりしましょう。 ・学習したことで，今後も取り組んでいきたいとことを，発表したり書いたりしましょう。 	
	○振り返りを発表して，友達に伝える。	●振り返りを学習カードに記入するように伝えるとともに，気付きや考えのよさを取り上げて，称賛する。
	7　整理運動，場や用具の片付けをする	●適切な整理運動を行うように，実際に動いて示しながら伝えるとともに，けががないかなどを確認する。
	8　集合，健康観察，挨拶をする	

多様な動きをつくる運動遊びの取扱い

【第2学年における指導と評価の計画（例）】

時間		1	2～4	5	6～11	12～17	18
ねらい		学習の見通しをもつ	体ほぐしの運動遊びを工夫して友達と楽しむ	学習の見通しをもつ	多様な動きをつくる運動遊びを工夫して友達と楽しむ		学習のまとめをする
学習活動		**オリエンテーション** **○学習の見通しをもつ** ・学習の進め方 ・学習のきまり **○体ほぐしの運動遊び** みんなで運動遊びをする	**体ほぐしの運動遊び** **○体ほぐしの運動遊び** ・自己の心と体の変化に気付く ・みんなで関わり合う **○学習のまとめをする**	**オリエンテーション** **○学習の見通しをもつ** ・学習の進め方 ・学習のきまり **○多様な動きをつくる運動遊び** みんなで運動遊びをする	**多様な動きをつくる運動遊び** **○力試しの運動遊び** ・いろいろな運動遊びをする ・遊び方を工夫する **○体を移動する運動遊び** ・いろいろな運動遊びをする ・遊び方を工夫する	**多様な動きをつくる運動遊び** **○体のバランスをとる運動遊び** ・いろいろな運動遊びをする ・遊び方を工夫する **○用具を操作する運動遊び** ・いろいろな運動遊びをする ・遊び方を工夫する	**学習のまとめ** **○多様な動きをつくる運動遊び** 楽しくできる運動遊びを選ぶ **○単元のまとめをする**
評価の重点	知識・技能	① 観察・学習カード		② 観察・学習カード	④・⑥ 観察	③・⑤ 観察	
	思考・判断・表現		①・③ 観察・学習カード		② 観察・学習カード	④ 観察・学習カード	
	主体的に学習に取り組む態度		① 観察・学習カード		③・⑤ 観察・学習カード	④ 観察・学習カード	② 観察・学習カード

【多様な動きをつくる運動遊びの単元の取扱い】

●年間を通して指導すること

多様な動きをつくる運動遊びは，様々な基本的な動きを運動遊びを通して培うことをねらいとしていることから，本手引では，他の領域の各内容と比べて単元の時間数を多く設定しています。上記の計画を参考に授業を行う際は，学校の実態などに応じてある程度の時間で数回に分けて年間指導計画の中に位置付けるなどの工夫をしましょう。

【多様な動きをつくる運動遊びの内容の取扱い】

●２学年間にわたって指導すること

小学校学習指導要領に『「A 体つくりの運動遊び」については，2学年間にわたって指導するものとする。』とあるように，低学年の「多様な動きをつくる運動遊び」は，第１学年と第２学年の両方で指導するように年間指導計画を作成しましょう。

第２学年は，第１学年で取り扱った運動遊びを行うことでこれまでの学習を思い起こしたり，新たな運動遊びを行ったりするなど，本手引を参考にするなどして第２学年に適した運動遊びを選んで取り扱うようにしましょう。なお，体ほぐしの運動遊びと多様な動きをつくる運動遊びにおいて，取り上げる運動遊びが似通ってくることが考えられますので，各々のねらいを明確にして運動遊びの行い方を意図的に取り扱うようにしましょう。

●将来の体力の向上につなげるため，基本的な体の動きを培うこと

体つくり運動系は，体力を高めるために行われる運動を取り扱う領域ですが，低学年においては発達の段階から体力を高めることを学習の直接の目的とすることは難しいことから，将来の体力の向上につなげていくために，基本的な体の動きを幅広く培うことができるようにしましょう。

●運動と健康が関わっていることについての具体的な考えがもてるよう指導すること

多様な動きをつくる運動遊びに限らず，各領域の各内容については，体は活発に運動をしたり長く運動をしたりすると汗が出たり心臓の鼓動や呼吸が速くなったりすること，体を使って元気に運動することは体を丈夫にし健康によいことなど，運動と健康が関わっていることについて指導するようにしましょう。特に，多様な動きをつくる運動遊びは，基本的な体の動きを幅広く培う運動遊びをすることで結果的に体力の向上を図ることをねらいとしていることから，この指導をしやすい内容であると捉えて，児童が具体的な考えをもてるように指導するようにしましょう。

【多様な動きをつくる運動遊びの評価】

●各領域と同じく，技能に関する評価規準を設定すること

多様な動きをつくる運動遊びの指導内容は，「知識及び運動」「思考力，判断力，表現力等」「学びに向かう力，人間性等」としています。これは，多様な動きをつくる運動遊びは，様々な基本的な体の動きを身に付けたり，動きの幅を広げたりすることが主なねらいであり，特定の技能を示すものではないことから，各領域と同じ「知識及び技能」ではなく，「知識及び運動」としているものです。

一方で，評価においては，各領域と同じく「知識・技能」の評価の観点に技能に関する評価規準を設定して，多様な動きをつくる運動遊びで培う様々な基本的な体の動きができることを評価しましょう。

マットを使った運動遊び

マットを使った運動遊びは，いろいろな方向への転がり，手で支えての体の保持や回転をして，それらができる楽しさに触れることができる運動遊びです。本単元例は，マットを使ったいろいろな運動遊びをして遊ぶ時間を多く設定した単元前半から，徐々に遊び方や場を工夫して遊ぶ時間を多く設定した単元後半に進むようにすることで，できる運動遊びを増やしながら楽しく遊ぶことができる授業を展開するようにしています。

単元の目標

(1) マットを使った運動遊びの行い方を知るとともに，いろいろな方向への転がり，手で支えての体の保持や回転をして遊ぶことができるようにする。
(2) マットを用いた簡単な遊び方を工夫するとともに，考えたことを友達に伝えることができるようにする。
(3) マット使った運動遊びに進んで取り組み，順番やきまりを守り誰とでも仲よく運動をしたり，場や器械・器具の安全に気を付けたりすることができるようにする。

指導と評価の計画（8時間）

時　間		1	2	3	4
ねらい		学習の見通しをもつ	マットを使った運動遊びの行い方を知り，いろいろな運動遊びをして，みんなで楽しく遊ぶ		
学習活動		オリエンテーション 1　集合，挨拶，健康観察をする 2　単元の学習の見通しをもつ ○単元の目標と学習の進め方を知る。 ○学習のきまりを知る。 3　本時のねらいを知り，めあてを立てる 4　場や器械・器具の準備をする ○場や器械・器具の準備と片付けの仕方を知る。 5　準備運動，主運動につながる運動遊びをする ○準備運動，主運動につながる運動遊びの行い方を知る。 6　マットを使った運動遊びをする ○これまでに学習したマットを使ったいろいろな運動遊びの行い方を確認する。	1　集合，挨拶，健康観察をする　2　本時のねらいを知り， 4　準備運動，主運動につながる運動遊びをする 5　マットを使った運動遊びをする ○マットを使った運動遊びの行い方を知る。 ○マットを使ったいろいろな運動遊びをする。 ○友達のよい動きを見付けたり，考えたりしたことを伝え 6　簡単な遊び方を工夫して，マットを使った運動遊びをする ○マットを使った運動遊びの簡単な遊び方を知る。 ○楽しくできる場や遊び方を選んで，マットを使った運動 ○友達のよい動きを見付けたり，考えたりしたことを伝え		
		7　本時を振り返り，次時への見通しをもつ　8　整理運動，場や器械・器具の片付けをする			
評価の重点	知識・技能				① 観察・学習カード
	思考・判断・表現				
	主体的に学習に取り組む態度	④ 観察・学習カード	② 観察・学習カード	③ 観察・学習カード	

単元の評価規準

知識・技能	思考・判断・表現	主体的に学習に取り組む態度
①マットを使った運動遊びの行い方について，言ったり実際に動いたりしている。 ②マットに背中や腹などをつけていろいろな方向に転がったり，手や背中で支えて逆立ちをしたり，体を反らせたりするなどして遊ぶことができる。	①簡単な遊び方を選んでいる。 ②友達のよい動きを見付けたり，考えたりしたことを友達に伝えている。	①マットを使った運動遊びに進んで取り組もうとしている。 ②順番やきまりを守り，誰とでも仲よくしようとしている。 ③器械・器具の準備や片付けを，友達と一緒にしようとしている。 ④場の安全に気を付けている。

5	6	7	8
簡単な遊び方を工夫し，いろいろな運動遊びをして，みんなで楽しく遊ぶ			学習のまとめをする
めあてを立てる　3　場や器械・器具の準備をする る。 遊びをする。 る。 9　集合，健康観察，挨拶をする			**学習のまとめ** **5　マットを使った運動遊びをする** ○楽しくできる遊び方を選んで，マットを使った運動遊びをする。 ○選んだ場や遊び方を他のグループに紹介したり，他のグループが選んだ場で遊んだりする。 **6　単元を振り返り，学習のまとめをする** **7　整理運動，場や器械・器具の片付けをする** **8　集合，健康観察，挨拶をする**
			② 観察
① 観察・学習カード	② 観察・学習カード		
		① 観察・学習カード	

本時の目標と展開①（1／8時間）

本時の目標

(1) マットを使った運動遊びの行い方を知ることができるようにする。
(2) 簡単な遊び方を選ぶことができるようにする。
(3) 場の安全に気を付けることができるようにする。

本時の展開

時間	学習内容・活動	指導上の留意点
5分	**1　集合，挨拶，健康観察をする** **2　単元の学習の見通しをもつ** ○単元の目標と学習の進め方を知る。 ○学習をするグループを確認する。 ○学習のきまりを知る。	●掲示物を活用するなどしながら，分かりやすく説明する。 ●学習をするグループを事前に決めておく。
	学習のきまりの例 ・器械・器具は正しく使いましょう。 ・安全に気を付けて遊びましょう。 ・器械・器具の片付けは友達と一緒にしましょう。 ・順番やきまりを守り，誰とでも仲よく遊びましょう。	
	3　本時のねらいを知り，めあてを立てる **マットを使った運動遊びの学習の進め方を知り，学習の見通しをもとう** ○本時のねらいを知り，自己のめあてを立てる。	●学習カードを配り，使い方を説明する。
20分	**4　場や器械・器具の準備をする** ○場や器械・器具の準備と片付けの仕方を知る。 ○みんなで協力して，準備をする。	●安全な準備と片付けの仕方を説明する。 ●安全に気を付けている様子を取り上げて，称賛する。
	場や器械・器具の準備と片付けのきまりの例 ・運動遊びをする場所に危険物がないか気を付けて，見付けたら先生に知らせましょう。 ・器械・器具などは，友達と一緒に決まった場所から安全に気を付けて運びましょう。 ・安全に運動遊びができるように，服装などが整っているか，気を付けましょう。	
	5　準備運動，主運動につながる運動遊びをする ○準備運動，主運動につながる運動遊びの行い方を知る。 ○みんなで準備運動，主運動につながる運動遊びをする。	●けがの防止のために適切な準備運動の行い方について，実際に動いて示しながら説明する。

準備運動の例

肩，首，腕，腰，手首，腿，膝，ふくらはぎ，足首などをほぐす運動を行う。

主運動につながる運動遊びの例

○ゆりかご

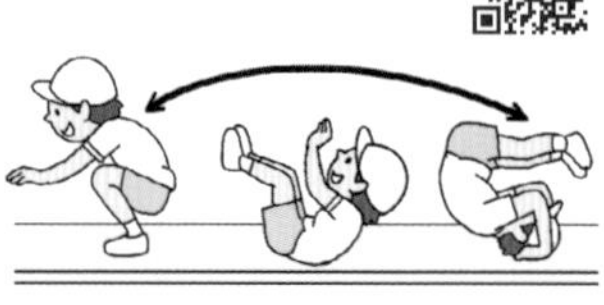

・へそを見て体を丸めて転がる。転がったときは手を着き，起き上がるときは足の裏で立つ。

○背支持倒立（首倒立）

・腰に手を当てて体を支えて足を真っ直ぐ上に伸ばす。

○ブリッジ

・両手で押して頭をマットから離す。手と足の位置を近付けて，へそを高く上げる

15分

6　マットを使った運動遊びをする

○これまでに学習したマットを使ったいろいろな運動遊びの行い方を確認する。

○マットを使ったいろいろな運動遊びをする。

・マットを使った運動遊びの行い方について，場を示したり，実際に動いて示したりしながら説明する。

マットを使った運動遊びの例

○前転がり

○後ろ転がり

○だるま転がり

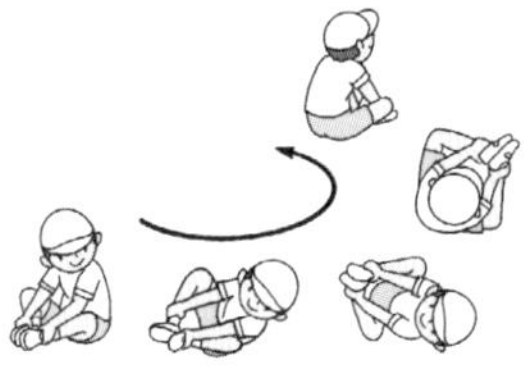

○丸太転がり

○かえるの足打ち

○かえるの逆立ち

○壁上り逆立ち

これまでに学習した運動遊びのうち，どの運動遊びができるか確かめられるように，たくさんの運動遊びを試してみましょう。

・安全に気を付けている様子を取り上げて，称賛する。

◆学習評価◆　主体的に学習に取り組む態度
④場の安全に気を付けている。

➡　運動遊びをするときなどに，危ないものは無いか，近くに人はいないか，器械・器具が安全に置かれているかなど，安全に気を付けている姿を評価する。（観察・学習カード）

◎安全に気を付けることに意欲的でない児童への配慮の例

➡　運動遊びを始める前や終わった後に友達に合図を出したり，合図が出たら友達と一緒に安全に気を付けて安全であることを伝え合ったりするなどの配慮をする。

5分

7　本時を振り返り，次時への見通しをもつ

本時の振り返り

・マットを使ったいろいろな運動遊びをして楽しかったことを，発表したり書いたりしましょう。
・安全のために気を付けたことを，発表したり書いたりしましょう。
・単元の学習で楽しみたいことやできるようになりたいことなど，自己のめあてを書きましょう。

○振り返りを発表して，友達に伝える。

・振り返りを発表したり学習カードに記入したりするように伝えるとともに，気付きや考えのよさを取り上げて，称賛する。

8　整理運動，場や器械・器具の片付けをする

・整理運動の行い方について，実際に動いて示しながら説明するとともに，けががないかなどを確認する。

9　集合，健康観察，挨拶をする

本時の目標と展開②（2／8時間）

本時の目標

(1) マットを使った運動遊びの行い方を知ることができるようにする。
(2) 簡単な遊び方を選ぶことができるようにする。
(3) 順番やきまりを守り，誰とでも仲よくすることができるようにする。

本時の展開

時間	学習内容・活動	指導上の留意点
10 分	**1　集合，挨拶，健康観察をする** **2　本時のねらいを知り，めあてを立てる**	
	マットを使った運動遊びの行い方を知り，いろいろな運動遊びをして，みんなで楽しく遊ぼう	
	○本時のねらいを知り，自己のめあてを立てる。	● 学習カードを配り，立てためあてを記入するように伝える。
	3　場や器械・器具の準備をする ○みんなで協力して，準備をする。	● 安全な準備の仕方を確認する。
	4　準備運動，主運動につながる運動遊びをする ○みんなで準備運動，主運動につながる運動遊びをする。	● けがの防止のために適切な準備運動を行うように，実際に動いて示しながら伝える。

主運動につながる運動遊びの例

○くま歩き

・腰を高く上げ，手に体重を乗せてゆっくり進む。

○うさぎ跳び

・着地のときは手を前に出して体を起こす。

○あしか歩き

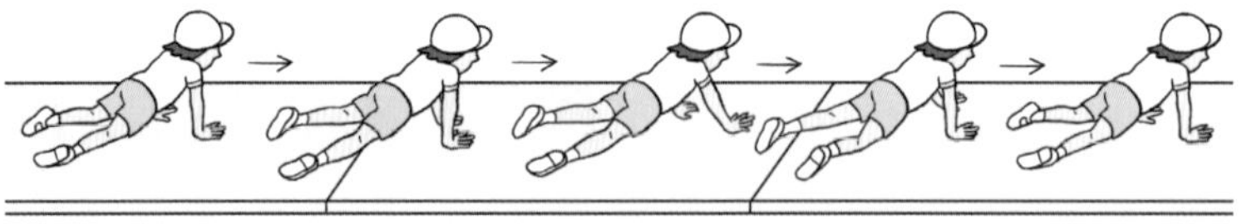

・両手の平と両足の甲で体を支えて，手を使って進む。

● 順番やきまりを守ろうとしている様子を取り上げて，称賛する。

◆学習評価◆　主体的に学習に取り組む態度
②順番やきまりを守り，誰とでも仲よくしようとしている。

➡　運動遊びの順番やきまりを守り，誰とでも仲よくしようとしている姿を評価する。（観察・学習カード）

◎順番やきまりを守ることに意欲的でない児童への配慮の例

➡　順番やきまりを守ることでみんなが安全に楽しく遊ぶことができることに気付くようにするとともに，守ることができたことを取り上げて称賛するなどの配慮をする。

5　マットを使った運動遊びをする ○マットを使った運動遊びの行い方を知る。 ○マットを使ったいろいろな運動遊びをする。	● マットを使った運動遊びの行い方について，場を示したり，実際に動いて示したりしながら説明する。

マットを使った運動遊びの例
○支持での川跳び

・しゃがんだ姿勢から両手を着き，両足を上げてマットの向こう側にしゃがんだ姿勢で着地する

○腕立て横跳び越し

・立った姿勢から両手を着くこと勢いをつけて両足を高く上げ，立った姿勢で着地する。

> かえるの足打ちで，両手で体を支えて腰を高く上げる動きで，マットを跳び越しましょう。
だんだんと手を高い位置に構えるようにして，腕立て横跳び越しに挑戦しましょう。

6　簡単な遊び方を工夫して，マットを使った運動遊びをする ○マットを使った運動遊びの簡単な遊び方を知る。 ○楽しくできる場や遊び方を選んで，マットを使った運動遊びをする。	● マットを使った運動遊びの簡単な遊び方について，場を示したり，実際に動いて示したりしながら説明する。 ● 安全な準備の仕方を確認する。

マットを使った運動遊びの簡単な遊び方の例
○マットの配置を工夫して，いろいろな方向に転がる場をつくる。

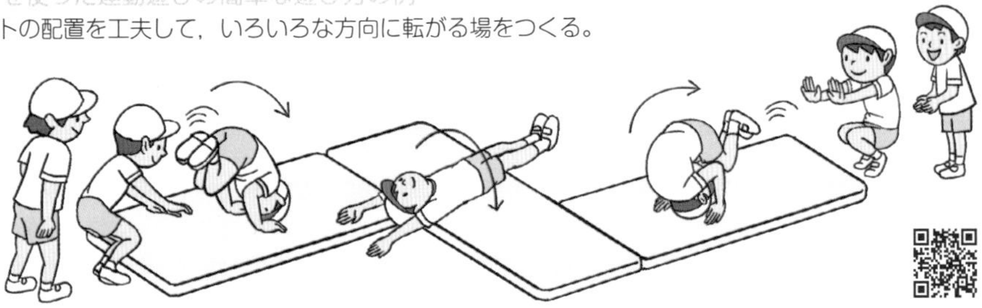

　・真っ直ぐのマットで前転がり　　・曲がって丸太転がり　　　　・最後は後ろ転がり

○友達のよい動きを見付けたり，考えたりしたことを伝える。	● 見付けたり考えたりしたことを伝えていることを取り上げて，称賛する。

7　本時を振り返り，次時への見通しをもつ	

本時の振り返り
> ・マットを使った運動遊びをして楽しかったことを，発表したり書いたりしましょう。
・友達と仲よくできたことを，発表したり書いたりしましょう。

○振り返りを発表して，友達に伝える。	● 振り返りを発表したり学習カードに記入したりするように伝えるとともに，気付きや考えのよさを取り上げて，称賛する。
8　整理運動，場や器械・器具の片付けをする	● 適切な整理運動を行うように，実際に動いて示しながら伝えるとともに，けががないかなどを確認する。
9　集合，健康観察，挨拶をする	

左欄の時間：15分　15分　5分

本時の目標と展開③（5／8時間）

本時の目標

(1) マットに背中や腹などをつけていろいろな方向に転がったり，手や背中で支えて逆立ちをしたり，体を反らせたりするなどして遊ぶことができるようにする。
(2) 簡単な遊び方を選ぶことができるようにする。
(3) マットを使った運動遊びに進んで取り組むことができるようにする。

本時の展開

<table>
<tr><th>時間</th><th>学習内容・活動</th><th>指導上の留意点</th></tr>
<tr><td rowspan="3">10
分</td><td>1　集合，挨拶，健康観察をする
2　本時のねらいを知り，めあてを立てる</td><td></td></tr>
<tr><td colspan="2">簡単な遊び方を工夫し，いろいろな運動遊びをして，みんなで楽しく遊ぼう</td></tr>
<tr><td>○本時のねらいを知り，自己のめあてを立てる。
3　場や器械・器具の準備をする
○みんなで協力して，準備をする。
4　準備運動，主運動につながる運動遊びをする
○みんなで準備運動，主運動につながる運動遊びをする。</td><td>●学習カードを配り，立てためあてを記入するように伝える。
●安全な準備の仕方を確認する。
●けがの防止のために適切な準備運動を行うように，実際に動いて示しながら伝える。</td></tr>
<tr><td rowspan="3">15
分</td><td>5　マットを使った運動遊びをする
○マットを使ったいろいろな運動遊びをする。</td><td></td></tr>
<tr><td colspan="2">◎マットを使った運動遊びが苦手な児童への配慮の例
➡　転がることが苦手な児童へは，転がるための体の動かし方が身に付くように場を設定するなどの配慮をする。

・1段の跳び箱を置き，マットに両手を着いてから両足を跳び箱に乗せ，そこから前転がりをする。

・マットの下に踏切り板を入れて傾斜を作り，その上で後ろ転がりをする。
➡　手で体を支えることが苦手な児童へは，支持をする体の動かし方が身に付くように場を設定するなどの配慮をする。

・1段の跳び箱を置き，その上に手を着いて川跳びをする。

・段ボール箱を置き，足がぶつからないように腕立て横跳び越しをする。

・壁の線を目安に手を着いて壁を使ったブリッジをする。</td></tr>
<tr><td>○友達のよい動きを見付けたり，考えたりしたことを伝える。</td><td>●見付けたり考えたりしたことを伝えていることを取り上げて，称賛する。
◎見付けたり考えたりしたことを伝えることが苦手な児童への配慮の例
➡　個別に関わり，友達のよい動きを見付けたり考えたりしたことを聞き取って友達に伝えることを支援したり，友達と二人で伝え合う場面を設けたりするなどの配慮をする。</td></tr>
</table>

15分

6　簡単な遊び方を工夫して，マットを使った運動遊びをする

楽しくできる場や遊び方を選んで，マットを使った運動遊びをする。

- 楽しくできる場や遊び方を選んでいることを取り上げて，称賛する。

マットを使った運動遊びの簡単な遊び方の工夫の例

○友達と動きを合わせて転がって遊ぶ

・二人で動きを合わせて前転がりをする。

・二人で手をつないで丸太転がりをする。

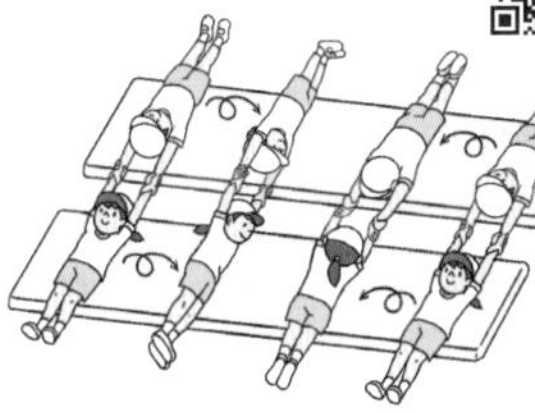

・二人で向かい合って，だるま転がりをする。

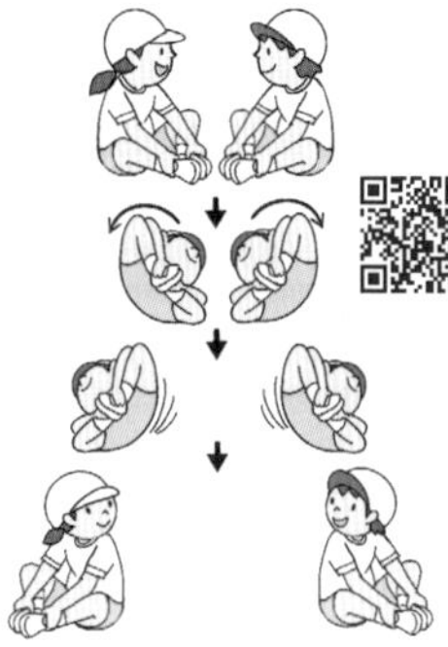

○友達とじゃんけん遊びをして遊ぶ

・背支持倒立をして，足でじゃんけんをする。

・壁登り逆立ちをして，片手で支えながらじゃんけんをする。

・ブリッジをして，片手で支えながらじゃんけんをする。

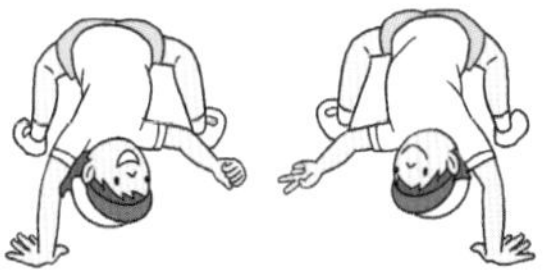

◆学習評価◆　思考・判断・表現
①簡単な遊び方を選んでいる。

➡　楽しくできる場や遊び方を選んでいる姿を評価する。（観察・学習カード）

◎簡単な遊び方を選ぶことが児童への配慮の例

➡　友達が楽しんでいる場を試したり，自己ができそうな場に挑戦したりして，楽しく遊ぶことができる自己に適した遊び方を見付けるようにするなどの配慮をする。

○友達のよい動きを見付けたり，考えたりしたことを伝える。

- 見付けたり考えたりしたことを伝えていることを取り上げて，称賛する。

5分

7　本時を振り返り，次時への見通しをもつ

本時の振り返り

・マットを使った運動遊びでできた運動遊びを，発表したり書いたりしましょう。
・マットを使った運動遊びで選んだ遊び方を，発表したり書いたりしましょう。

○振り返りを発表して，友達に伝える。

- 振り返りを発表したり学習カードに記入したりするように伝えるとともに，気付きや考えのよさを取り上げて，称賛する。

8　整理運動，場や器械・器具の片付けをする

- 適切な整理運動を行うように，実際に動いて示しながら伝えるとともに，けががないかなどを確認する。

9　集合，健康観察，挨拶をする

本時の目標と展開④（8／8時間）

本時の目標

(1) マットに背中や腹などをつけていろいろな方向に転がったり，手や背中で支えて逆立ちをしたり，体を反らせたりするなどして遊ぶことができるようにする。

(2) 友達のよい動きを見付けたり，考えたりしたことを伝えることができるようにする。

(3) マットを使った運動遊びに進んで取り組むことができるようにする。

本時の展開

時間	学習内容・活動	指導上の留意点
10分	1 集合，挨拶，健康観察をする 2 本時のねらいを知り，めあてを立てる **マットを使った運動遊びの工夫した遊び方を見せ合って，学習のまとめをしよう** ○本時のねらいを知り，自己のめあてを立てる。 3 場や器械・器具の準備をする ○みんなで協力して，準備をする。 4 準備運動，主運動につながる運動遊びをする ○みんなで準備運動，主運動につながる運動遊びをする。	 ●学習カードを配り，立てためあてを記入するように伝える。 ●安全な準備の仕方を確認する。 ●けがの防止のために適切な準備運動を行うように，実際に動いて示しながら確認にする。
10分	5 マットを使った運動遊びをする。 ○マットを使ったいろいろな運動遊びをする。	●行い方のポイントを押さえた動きを取り上げて，称賛する。 ◆**学習評価◆　知識・技能** ②マットに背中や腹などをつけていろいろな方向に転がったり，手や背中で支えて逆立ちをしたり，体を反らせたりするなどして遊ぶことができる。 ➡ マットの上を転がったり逆立ちをしたり体を反らせたりする運動遊びをしている姿を評価する。（観察）
15分	○グループで遊びたい場を選んで，準備をする。 ○楽しくできる遊び方を選んでマットを使った運動遊びをする。 ○選んだ場や遊び方を他のグループに紹介したり，他のグループが選んだ場で遊んだりする。	●安全な準備の仕方を確認する。 ●各グループが順番に発表できるようにする。 ●マットを使った運動遊びに進んで取り組もうとしている様子を取り上げて，称賛する。
10分	6 単元を振り返り，学習のまとめをする 単元の学習の振り返り ・単元の学習で楽しかったことやできるようになったことを，発表したり書いたりしましょう。 ・学習したことで，今後も取り組んでいきたいことを，発表したり書いたりしましょう。 ○振り返りを発表して，友達に伝える。 7 整理運動，場や器械・器具の片付けをする 8 集合，健康観察，挨拶をする	 ●振り返りを発表したり学習カードに記入したりするように伝えるとともに，気付きや考えのよさを取り上げて，称賛する。 ●適切な整理運動を行うように，実際に動いて示しながら伝えるとともに，けががないかなどを確認する。

2学年間にわたって取り扱う場合

【第1学年における指導と評価の計画（例）】

時間	1	2	3	4	5	6	7	8
ねらい	学習の見通しをもつ	マットを使った運動遊びの行い方を知り，いろいろな動きをして友達と楽しく遊ぶ				簡単な遊び方を工夫して友達と楽しく遊ぶ		学習のまとめをする
学習活動	オリエンテーション ○学習の見通しをもつ ・学習の進め方 ・学習のきまり ○マットを使った運動遊び ・動物に変身 ・ゆりかご ・丸太転がり	○マットを使った運動遊びをする みんなで，いろいろなマットを使った運動遊びをする ○新しい運動遊びに挑戦する 【転がる運動遊び】 ・前転がり ・後ろ転がり		○新しい運動遊びに挑戦する 【逆立ちをする運動遊び】 ・背支持倒立 ・カエルの足打ち ・支持での川跳び ・ブリッジ		○簡単な遊び方を工夫する ・坂道やジグザグなど，いろいろな方向に転がる場を選ぶ ・腕で支えながら移動したり逆さまになったりする動物の動きを選ぶ		学習のまとめ ○簡単な遊び方を工夫する ○学習のまとめをする
評価の重点　知識・技能				① 観察・学習カード				② 観察
評価の重点　思考・判断・表現					① 観察・学習カード	② 観察・学習カード		
評価の重点　主体的に学習に取り組む態度	④ 観察・学習カード	② 観察・学習カード	③ 観察・学習カード				① 観察・学習カード	

【幼児期の運動遊びとの円滑な接続を図るための工夫（例）】

「いろいろな方向に転がったり，手や背中で支えて逆立ちをしたりする」ために

幼児期の運動遊びの経験や発達の段階により，低学年の児童は，様々なものになりきって多様な動きをして遊ぶことを楽しみます。

そのため低学年のはじめは，くまやうさぎ，あしかなどになりきって両手をしっかりと着きながら進む運動遊びや，マットを草原や川などに見立て，ボールや丸太などになりきっていろいろな方向に転がる運動遊びをしたりして，手で体を支えたり，背中や腹を付けて転がったりする動きに楽しみながら取り組めるようにしましょう。

（例）動物に変身

　くま歩き（腰を高く上げて，両手に体重を乗せて，はじめはゆっくり進み，慣れてきたら徐々に速く進む），うさぎ跳び（両足で跳んで両手を着き，両手を突き放してから両足で立つ），かえるの足打ち（両手で体を支えて両足を上げ，足を打つ），あしか歩き（両手と足の甲で体を支え，両手を交互に使って進む）などをして遊ぶ。

（例）いろいろな方向に転がる場を選ぶ

　マットの下に踏切り板を入れるなどして坂道にしたり，マットをジグザグに並べたりして複数のコースを用意して，遊びたい場や転がり方を選ぶ。

【第1学年において重点を置いて指導する内容（例）】

知識及び技能

転がる運動遊びでは，マットに背中をつけて揺れたり転がったりすることができるようにしましょう。その際，前転がりや後ろ転がりは，前転や後転などの技とは異なり，手や膝を着いて起き上がるような前転がりや肩越しに斜めに転がるような後ろ転がりも背中をつけて転がる動きのよさを認め，楽しく取り組めるようにしましょう。

思考力，判断力，表現力等

友達と一緒に運動遊びをする中で，友達のよい動きを見付けることができるようにしましょう。また，用意されたいろいろな場の中から楽しくできる場を選んで遊ぶことができるようにしましょう。

学びに向かう力，人間性等

運動遊びをする際に，順番やきまりを守り，誰とでも仲よくしようとすることができるようにしましょう。また，危ないものがないか，近くに人がいないか，マットが安全に置かれているかなどの場の安全に気を付けることができるようにしましょう。

B
器械・器具を使っての運動遊び

固定施設を使った運動遊び，鉄棒を使った運動遊び

固定施設を使った運動遊びは，登り下りや懸垂移行，渡り歩きや跳び下りをすること，鉄棒を使った運動遊びは，支持しての揺れや上がり下り，ぶら下がりや易しい回転をすることにより，それらができる楽しさに触れることができる運動遊びです。本単元例は，単元前半はいろいろな固定施設を使った運動遊びをして遊ぶ時間，単元後半は鉄棒を使ったいろいろな運動遊びをして遊ぶ時間を設定することで，できる運動遊びを増やしながら楽しく遊ぶことができる授業を展開するようにしています。

単元の目標

(1) 固定施設を使った運動遊びと鉄棒を使った運動遊びの行い方を知るとともに，登り下りや懸垂移行，渡り歩きや跳び下り，支持しての揺れや上がり下り，ぶら下がりや易しい回転をして遊ぶことができるようにする。
(2) 固定施設や鉄棒を用いた簡単な遊び方を工夫するとともに，考えたことを友達に伝えることができるようにする。
(3) 固定施設を使った運動遊びと鉄棒を使った運動遊びに進んで取り組み，順番やきまりを守り誰とでも仲よく運動をしたり，場や器械・器具の安全に気を付けたりすることができるようにする。

指導と評価の計画（8時間）

時間	1	2	3
ねらい	学習の見通しをもつ	固定施設を使った運動遊びの行い方を知り， いろいろな運動遊びをしてみんなで楽しく遊ぶ	
学習活動	オリエンテーション 1　集合，挨拶，健康観察をする 2　単元の学習の見通しをもつ ○単元の目標と学習の進め方を知る。 ○学習のきまりを知る。 3　本時のねらいを知り，めあてを立てる 4　場や器械・器具の準備をする ○場や器械・器具の準備と片付けの仕方を知る。 5　準備運動，主運動につながる運動遊びをする ○準備運動，主運動につながる運動遊びの行い方を知る。 6　固定施設を使った運動遊びをする ○これまでに学習したいろいろな固定施設を使った運動遊びの行い方を確認する。	1　集合，挨拶，健康観察をする　2　本時のねらいを知り， 4　準備運動，主運動につながる運動遊びをする 5　固定施設を使った運動遊びをする ○固定施設を使った運動遊びの行い方を知る。 ○いろいろな固定施設を使った運動遊びをする。 ○友達のよい動きを見付けたり，考えたりしたことを伝える。 6　簡単な遊び方を工夫して，固定施設を使った運動遊びをする ○固定施設を使った運動遊びの簡単な遊び方を知る。 ○楽しくできる場や遊び方を選んで，固定施設を使った運動遊びをする。 ○友達のよい動きを見付けたり，考えたりしたことを伝える。	
評価の重点　知識・技能		① 観察・学習カード	
評価の重点　思考・判断・表現			② 観察・学習カード
評価の重点　主体的に学習に取り組む態度	④ 観察・学習カード	② 観察・学習カード	

7　本時を振り返り，次時への見通しをもつ　8　整理運動，場や器械・器具の片付けをする

単元の評価規準

知識・技能	思考・判断・表現	主体的に学習に取り組む態度
①固定施設を使った運動遊びの行い方について，言ったり実際に動いたりしている。 ②鉄棒を使った運動遊びの行い方について，言ったり実際に動いたりしている。 ③固定施設で，登り下りやぶら下がり，懸垂移行，渡り歩きや跳び下り，逆さの姿勢などをして遊ぶことができる。 ④鉄棒を使って，手や腹，膝で支持したり，ぶら下がったり，揺れたり，跳び上がったり，跳び下りたり，易しい回転をしたりするなどして遊ぶことができる。	①簡単な遊び方を選んでいる。 ②友達のよい動きを見付けたり，考えたりしたことを友達に伝えている。	①固定施設を使った運動遊び，鉄棒を使った運動遊びに進んで取り組もうとしている。 ②順番やきまりを守り，誰とでも仲よくしようとしている。 ③器械・器具の準備や片付けを友達と一緒にしようとしている。 ④場の安全に気を付けている。

4	5	6	7	8
鉄棒を使った運動遊びの行い方を知り，いろいろな運動遊びをしてみんなで楽しく遊ぶ		簡単な遊び方を工夫し，いろいろな運動遊びをしてみんなで楽しく遊ぶ		学習のまとめをする
めあてを立てる　3　場や器械・器具の準備をする				
5　鉄棒を使った運動遊びをする ○鉄棒を使った運動遊びの行い方を知る。 ○鉄棒を使ったいろいろな運動遊びをする。 ○友達のよい動きを見付けたり，考えたりしたことを伝える。 **6　簡単な遊び方を工夫して，鉄棒を使った運動遊びをする** ○鉄棒を使った運動遊びの簡単な遊び方を知る。 ○楽しくできる遊び方を選んで，鉄棒を使った運動遊びをする。 ○友達のよい動きを見付けたり，考えたりしたことを伝える。		**5　簡単な遊び方を工夫して，固定施設を使った運動遊びをする** ○固定施設を使った運動遊びの簡単な遊び方を知る。 ○楽しくできる場や遊び方を選んで，固定施設を使った運動遊びをする。 ○友達のよい動きを見付けたり，考えたりしたことを伝える。 **6　簡単な遊び方を工夫して，鉄棒を使った運動遊びをする** ○鉄棒を使った運動遊びの簡単な遊び方を知る。 ○楽しくできる遊び方を選んで，鉄棒を使った運動遊びをする。 ○友達のよい動きを見付けたり，考えたりしたことを伝える。		学習のまとめ **5　固定施設を使った運動遊びをする** ○選んだ遊び方を紹介したり，友達が選んだ遊び方で遊んだりする。 **6　鉄棒を使った運動遊びをする** ○選んだ遊び方を紹介したり，友達が選んだ遊び方で遊んだりする。 **7　単元を振り返り，学習のまとめをする** **8　整理運動，場や器械・器具の片付けをする** **9　集合，健康観察，挨拶をする**
9　集合，健康観察，挨拶をする				
② 観察・学習カード		③・④ 観察		
	① 観察・学習カード			
③ 観察・学習カード				① 観察・学習カード

本時の目標と展開①（1／8時間）

本時の目標

(1) 固定施設を使った運動遊びの行い方を知ることができるようにする。
(2) 簡単な遊び方を選ぶことができるようにする。
(3) 場の安全に気を付けることができるようにする。

本時の展開

時 間	学習内容・活動	指導上の留意点
5分	1 集合，挨拶，健康観察をする 2 単元の学習の見通しをもつ 　○単元の目標と学習の進め方を知る。 　○学習をするグループを確認する。 　○学習のきまりを知る。	● 掲示物を活用するなどしながら，分かりやすく説明する。 ● 学習をするグループを事前に決めておく。
	学習のきまりの例 ・固定施設などは正しく使いましょう。　　・器械・器具の準備や片付けは友達と一緒にしましょう。 ・安全に気を付けて遊びましょう。　　　　・順番やきまりを守り，誰とでも仲よく遊びましょう。	
	3 本時のねらいを知り，めあてを立てる	
	固定施設や鉄棒を使った運動遊びの学習の進め方を知り，学習の見通しをもとう	
	○本時のねらいを知り，自己のめあてを立てる。	● 学習カードを配り，使い方を説明する。
15分	4 場や器械・器具の準備をする 　○場や器械・器具の準備と片付けの仕方を知る。 　○みんなで協力して，準備をする。	● 安全な準備と片付けの仕方を説明する。 ● 安全に気を付けている様子を取り上げて，称賛する。
	場や器械・用具の準備の仕方の例 ・活動をする場に危険物がないか気を付けて，見付けたら先生に知らせましょう。 ・運動に使う用具は，決まった場所から使うものだけを取り，使い終わったら片付けましょう。 ・安全に運動遊びができるように鉄棒などの下にマットを敷く際は，みんなで協力しましょう。 ・安全に運動遊びができるように服装などが整っているか，友達と確かめ合いましょう。	
	5 準備運動，主運動につながる運動遊びをする 　○準備運動，主運動につながる運動遊びの行い方を知る。 　○みんなで準備運動，主運動につながる運動遊びをする。	● けがの防止のために適切な準備運動の行い方について，実際に動いて示しながら説明する。
	準備運動の例 　肩，首，腕，腰，手首，腿，膝，ふくらはぎ，足首などをほぐす運動を行う。 主運動につながる運動遊びの例 ○いろいろな固定施設でぶら下がりじゃんけん遊び ・両手でぶら下がり，言葉でじゃんけん　　・両手でぶら下がり，足でじゃんけん　　・片手を離してぶら下がり，じゃんけん

20分

6　固定施設を使った運動遊びをする

○これまでに学習したいろいろな固定施設を使った運動遊びの行い方を確認する。

○いろいろな固定施設を使った動遊びをする。

- いろいろな固定施設を使った運動遊びの行い方について，場を示したり，実際に動いて示したりしながら説明する。

固定施設を使った運動遊びの例

○ジャングルジムを使った運動遊び

・登り下り，渡り歩き，逆さの姿勢などをする。

固定施設の棒は，親指を棒の下側になるように握りましょう。

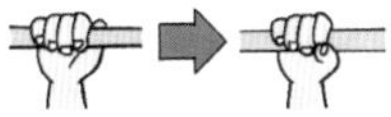

○雲梯を使った運動遊び

・懸垂移行や渡り歩きなどをする。

○登り棒を使った運動遊び

・登り下りや逆さの姿勢などをする。

○肋木を使った運動遊び

・登り下りや懸垂移行，腕立て移動などをする。

○平均台を使った運動遊び

・渡り歩きや跳び下りなどをする。

- 安全に気を付けている様子を取り上げて，称賛する。

◆学習評価◆　主体的に学習に取り組む態度
④場の安全に気を付けている。

➡　運動遊びをするときなどに，危ないものはないか，近くに人はいないか，マットなどが安全に置かれているかなど，安全に気を付けている姿を評価する。（観察・学習カード）

◎安全に気を付けることに意欲的でない児童への配慮の例

➡　**運動遊びを始める前や終わった後に友達に合図を出したり，合図が出たら友達と一緒に安全に気を付けて安全であることを伝え合ったりするなどの配慮をする。**

5分

7　本時を振り返り，次時への見通しをもつ

本時の振り返り

・いろいろな固定施設を使った運動遊びをして楽しかったことを，発表したり書いたりしましょう。
・安全のために気を付けたことを，発表したり書いたりしましょう。
・単元の学習で楽しみたいことやできるようになりたいことなど，自己のめあてを書きましょう。

○振り返りを発表して，友達に伝える。

- 振り返りを発表したり学習カードに記入したりするように伝えるとともに，気付きや考えのよさ取り上げて，称賛する。

8　整理運動，場や器械・器具の片付けをする

- 整理運動の行い方について，実際に動いて示しながら説明するとともに，けががないかなどを確認する。

9　集合，健康観察，挨拶をする

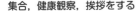

本時の目標と展開②（2／8時間）

本時の目標

(1) 固定施設を使った運動遊びの行い方を知ることができるようにする。
(2) 簡単な遊び方を選ぶことができるようにする。
(3) 順番やきまりを守り，誰とでも仲よくすることができるようにする。

本時の展開

<table>
<tr><th>時間</th><th>学習内容・活動</th><th>指導上の留意点</th></tr>
<tr><td rowspan="3">10
分</td><td>1　集合，挨拶，健康観察をする
2　本時のねらいを知り，めあてを立てる</td><td></td></tr>
<tr><td colspan="2">固定施設を使った運動遊びの行い方を知り，いろいろな運動遊びをして，みんなで楽しく遊ぼう</td></tr>
<tr><td>○本時のねらいを知り，自己のめあてを立てる。
3　場や器械・器具の準備をする
○みんなで協力して，準備をする。
4　準備運動,主運動につながる運動遊びをする
○みんなで準備運動，主運動につながる運動遊びをする。</td><td>・学習カードを配り，立てためあてを記入するように伝える。
・安全な準備の仕方を確認する。
・けがの防止のために適切な準備運動を行うように，実際に動いて示しながら伝える。</td></tr>
<tr><td rowspan="3">15
分</td><td>5　固定施設を使った運動遊びをする
○固定施設を使った運動遊びの行い方を知る。
○いろいろな固定施設を使った運動遊びをする。</td><td>・固定施設を使った運動遊びの行い方について，場を示したり，実際に動いて示したりしながら説明する。</td></tr>
<tr><td colspan="2">

◎マットを使った運動遊びが苦手な児童への配慮の例

➡　ジャングルジムを登ることが苦手な児童には，高さに慣れるようにするなどの配慮をする。

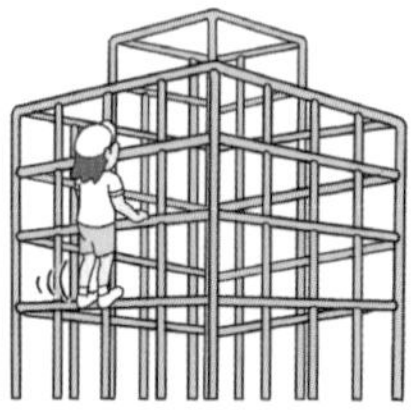

・自己が慣れた高さの場所を横に移動して遊ぶ。

➡　雲梯で体を揺らして移動することが苦手な児童には，懸垂の姿勢と体の揺れを使う動きが身に付くようするなどの配慮をする。

・体を支える補助を受けながら移動して遊ぶ。

➡　登り棒で足が滑って登ることが苦手な児童には，足が滑らない場を設置するなどの配慮をする。

・ハチマキなどで節を作った場で遊ぶ。

➡　肋木で手で支えて移動することが苦手な児童には，移動するめあてが分かる場を設定するなどの配慮をする。

・高さで色分けされた場で移動して遊ぶ。

➡　平均台でバランスを保つことが苦手な児童には，易しい場を設置するなどの配慮をする。

・地面に引いた線の上で渡り歩きして遊ぶ。

・友達と手をつないで渡り歩きをして遊ぶ。

</td></tr>
<tr><td>○友達のよい動きを見付けたり，考えたりしたことを伝える。</td><td>・見付けたり考えたりしたことを伝えていることを取り上げて，称賛する。</td></tr>
</table>

15分	6　簡単な遊び方を工夫して，固定施設を使った運動遊びをする 　○固定施設を使った運動遊びの簡単な遊び方を知る。 　○楽しくできる場や遊び方を選んで，固定施設を使った運動遊びをする。	● 固定施設を使った運動遊びの簡単な遊び方について，場を示したり，実際に動いて示したりしながら説明する。 ● 楽しくできる場や遊び方を選んでいることを取り上げて，称賛する。

固定施設を使った運動遊びの簡単な遊び方の工夫の例

○じゃんけんをしながら進んだり，戻ったりする

・平均台でじゃんけんをしながら進む。

・登り棒でじゃんけんをしながら登る。

○進むコースを友達と考える

・ジャングルジムで進むコースを考える。

・雲梯で進むコースを考える。

○行い方を工夫する

・雲梯の進み方を工夫する。

・平均台の進み方を工夫する。

		⊕ 仲よくしようとしている様子を取り上げて，称賛する。

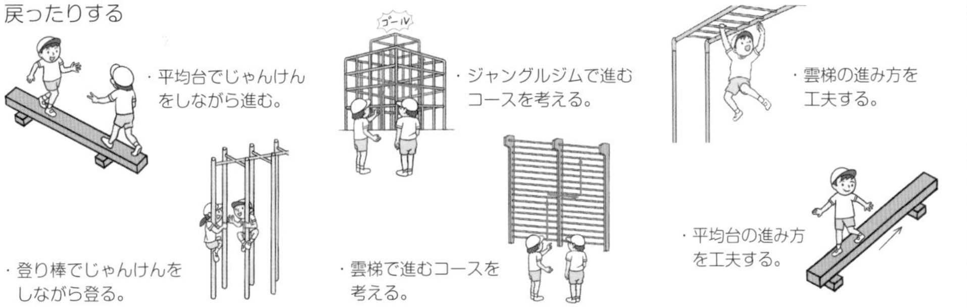

◆学習評価◆　主体的に学習に取り組む態度
②順番やきまりを守り，誰とでも仲よくしようとしている。

➡　遊ぶ順番や遊びのきまりを守り，友達と仲よくしようとしている姿を評価する。（観察・学習カード）

◎仲よくすることに意欲的でない児童への配慮の例

➡　勝敗がある遊びではなく，コースを工夫する遊びなど，友達と仲よくすることが楽しい遊び方を選ぶようにするなどの配慮をする。

	○友達のよい動きを見付けたり，考えたりしたことを伝える。	● 見付けたり考えたりしたことを伝えていることを取り上げて，称賛する。
5分	7　本時を振り返り，次時への見通しをもつ	

本時の振り返り
・固定施設を使った運動遊びの行い方について知ったことを，発表したり書いたりしましょう。
・固定施設を使った運動遊びをして楽しかったことを，発表したり書いたりしましょう。
・友達と仲よくできたことを，発表したり書いたりしましょう。

	○振り返りを発表して，友達に伝える。	● 振り返りを発表したり学習カードに記入したりするように伝えるとともに，気付きや考えのよさ取り上げて，称賛する。

◆学習評価◆　知識・技能
①固定施設を使った運動遊びの行い方について，言ったり実際に動いたりしている。

➡　固定施設を使って登り下りや懸垂移行，渡り歩きや跳び下りをすることなど，固定施設を使った運動遊びの行い方について，発表したり実際に動いたり学習カードに記入したりしていることを評価する。（観察・学習カード）

◎固定施設を使った運動遊びの行い方を知ることが苦手な児童への配慮の例

➡　個別に関わり，固定施設を使った運動遊びの行い方のポイントについて，対話をしたり実際に動いていることを観察したりしながら確認するなどの配慮をする。

	8　整理運動，場や器械・器具の片付けをする	● 適切な整理運動を行うように，実際に動いて示しながら伝えるとともに，けががないかなどを確認する。
	9　集合，健康観察，挨拶をする

本時の目標と展開③（5／8時間）

本時の目標

(1) 鉄棒を使って手や腹，膝で支持したり，ぶら下がったり，揺れたり，跳び上がったり跳び下りたり，易しい回転をしたりして遊ぶことができるようにする。

(2) 簡単な遊び方を選ぶことができるようにする。

(3) 器械・器具の準備や片付けを，友達と一緒にすることができるようにする。

本時の展開

時 間	学習内容・活動	指導上の留意点
10分	1　集合，挨拶，健康観察をする 2　本時のねらいを知り，めあてを立てる **鉄棒を使った運動遊びの行い方を知り，いろいろな運動遊びをして，みんなで楽しく遊ぼう** ○本時のねらいを知り，自己のめあてを立てる。 3　場や器械・器具の準備をする 　○みんなで協力して，準備をする。 4　準備運動，固定施設を使った運動遊びをする 　○みんなで準備運動，固定施設を使った運動遊びをする。	●学習カードを配り，立てためあてを記入するように伝える。 ●安全な準備の仕方を確認する。 ●けがの防止のために適切な準備運動を行うように，実際に動いて示しながら確認する。
15分	5　固定施設を使った運動遊びをする 　○鉄棒を使った運動遊びの行い方を知る。 　○鉄棒を使ったいろいろな運動遊びをする。	●鉄棒を使った運動遊びの行い方について，場を示したり，実際に動いて示したりしながら説明する。

鉄棒を使った運動遊びの例

○ふとん干し
・腹でぶら下がったり揺れたりする。

○こうもり
・膝でぶら下がったり揺れたりする。

○さる
・手でぶら下がったり揺れたりする。

○ぶたの丸焼き
・手と足でぶら下がったり揺れたりする。

○ツバメ
・体を伸ばしてバランスをとる。

○跳び上がり
・跳び上がって支持する。

○跳び下り
・体を揺らして後ろに跳び下りる。

○易しい回転
・支持の姿勢から体を丸めて前に回って下りる。

○足抜き回り
・両手でぶら下がって前後に行う。

◎鉄棒を使った運動遊びが苦手な児童への配慮の例

➡ 体を揺らすことが苦手な児童には，揺れるための体の動かし方が身に付くようにするなどの配慮をする。

・友達が軽く体を押して揺れる感じを味わう。

➡ 鉄棒上でバランスをとることが苦手な児童には，バランスをとる動きが身に付くようにするなどの配慮をする。

・支持しているときの目線の先を示す。

➡ 跳び上がることが苦手な児童には，跳び上がりやすい場を設定するなどの配慮をする。

・台を設置した場で遊ぶ。

➡ 回転することが苦手な児童には，回転する体の動かし方が身に付くようにするなどの配慮をする。

・補助を受けながら回って遊ぶ。

時間	学習活動	指導上の留意点
15分	○友達のよい動きを見付けたり，考えたりしたことを伝える。	・見付けたり考えたりしたことを伝えていることを取り上げて，称賛する。
	6 簡単な遊び方を工夫して，鉄棒を使った運動遊びをする ○鉄棒を使った運動遊びの簡単な遊び方の工夫の仕方を知る。	・鉄棒を使った簡単な遊び方の工夫について，場を示したり，実際に動いて示したりしながら説明する。

鉄棒を使った運動遊びの簡単な遊び方の工夫の例

○遊び方を組み合わせる

・登る・回る・下りるなどの遊び方を組み合わせる。

○行い方を工夫する

・遠くに下りる，下りる姿勢を変える。

時間	学習活動	指導上の留意点
	○楽しくできる場や遊び方を選んで，鉄棒を使った運動遊びをする。	・楽しくできる場や遊び方を選んでいることを取り上げて，称賛する。 **◆学習評価◆ 思考・判断・表現** **①簡単な遊び方を選んでいる。** ➡ 楽しくできる場や遊び方を選んでいる姿を評価する。（観察・学習カード） **◎簡単な遊び方を選ぶことが苦手な児童への配慮の例** ➡ 友達が楽しんでいる場を試したり，自己ができそうな場に挑戦したりして，楽しく遊ぶことができる自己に適した遊び方を見付けるようにするなどの配慮をする。
	○友達のよい動きを見付けたり，考えたりしたことを伝える。	・見付けたり考えたりしたことを伝えていることを取り上げて，称賛する。
5分	**7 本時を振り返り，次時への見通しをもつ**	

本時の振り返り
・鉄棒を使った運動遊びでできた運動遊びを，発表したり書いたりしましょう。
・鉄棒を使った運動遊びで選んだ遊び方を，発表したり書いたりしましょう。

時間	学習活動	指導上の留意点
	○振り返りを発表して，友達に伝える。	・振り返りを発表したり学習カードに記入したりするように伝えるとともに，気付きや考えのよさ取り上げて，称賛する。
	8 整理運動，場や器械・器具の片付けをする	・適切な整理運動を行うように，実際に動いて示しながら伝えるとともに，けがかないかなどを確認する。
	9 集合，健康観察，挨拶をする	

本時の目標と展開④（8／8時間）

本時の目標

(1) 鉄棒を使って手や腹，膝で支持したり，ぶら下がったり，揺れたり，跳び上がったり跳び下りたり，易しい回転をしたりして遊ぶことができるようにする。
(2) 友達のよい動きを見付けたり，考えたりしたことを伝えることができるようにする。
(3) 固定移設を使った運動遊び，鉄棒を使った運動遊びに進んで取り組むことができるようにする。

本時の展開

時間	学習内容・活動	指導上の留意点
5分	1 **集合，挨拶，健康観察をする** 2 **本時のねらいを知り，めあてを立てる** **固定施設や鉄棒を使った運動遊びの工夫した遊び方を見せ合って，学習のまとめをしよう** ○本時のねらいを知り，自己のめあてを立てる。 3 **場や器械・器具の準備をする** ○みんなで協力して，準備をする。 4 **準備運動，主運動につながる運動遊びをする** ○みんなで準備運動，固定施設を使った運動遊びをする。	●学習カードを配り，立てためあてを記入するように伝える。 ●安全な準備の仕方を確認する。 ●けがの防止のために適切な準備運動を行うように，実際に動いて示しながら伝える。
15分	5 **固定施設を使った運動遊びをする** ○楽しくできる場や遊び方を選んで，固定施設を使った運動遊びをする。 ○選んだ遊び方を友達に紹介したり，友達が選んだ遊び方で遊んだりする。	●楽しくできる場や遊び方を選んでいることを取り上げて，称賛する。 ●固定施設を使った運動遊びに進んで取り組もうとしている様子を取り上げて，称賛する。
15分	6 **鉄棒を使った運動遊びをする** ○楽しくできる遊び方を選んで，鉄棒を使った運動遊びをする。 ○選んだ遊び方を友達に紹介したり，友達が選んだ遊び方で遊んだりする。	●楽しくできる場や遊び方を選んでいることを取り上げて，称賛する。 ●鉄棒を使った運動遊びに進んで取り組もうとしている様子を取り上げて，称賛する。 **◆学習評価◆　主体的に学習に取り組む態度** **①固定施設を使った運動遊び，鉄棒を使った運動遊びに進んで取り組もうとしている。** ➡ 固定施設や鉄棒を使って遊んだり，遊び方を工夫したり，紹介したりすることなどに進んで取り組もうとしている姿を評価する。（観察・学習カード）
10分	7 **単元を振り返り，学習のまとめをする** 単元の学習の振り返り ・単元の学習で楽しかったことやできるようになったことを，発表したり書いたりしましょう。 ・学習したことで，今後も取り組んでいきたいとことを，発表したり書いたりしましょう。 ○振り返りを発表して，友達に伝える。 8 **整理運動，場や器械・器具の片付けをする** 9 **集合，健康観察，挨拶をする**	 ●振り返りを発表したり学習カードに記入したりするように伝えるとともに，気付きや考えのよさ取り上げて，称賛する。 ●適切な整理運動を行うように，実際に動いて示しながら伝えるとともに，けががないかなどを確認する。

2学年間にわたって取り扱う場合

【第1学年における指導と評価の計画（例）】

時間		1	2	3	4	5	6	7	8
ねらい		学習の見通しをもつ	固定施設を使った運動遊びの行い方を知り，いろいろな動きをしたり，簡単な遊び方を工夫したりして友達と楽しく遊ぶ			鉄棒を使った運動遊びの行い方を知り，いろいろな動きをしたり，簡単な遊び方を工夫したりして友達と楽しく遊ぶ			学習のまとめをする
学習活動		**オリエンテーション** **○学習の見通しをもつ** ・学習の進め方 ・学習のきまり **○固定施設を使った運動遊び** ・ジャングルジム ・平均台	**○固定施設を使った運動遊びをする** みんなで，いろいろな固定施設を使った運動遊びをする ・ジャングルジム　・雲梯　・登り棒 ・肋木　・平均台 **○簡単な遊び方を工夫する** ・固定施設でいろいろな姿勢をとったり，じゃんけんをして上り下りをしたりするなど楽しくできる場や遊び方を選ぶ			**○鉄棒を使った運動遊びをする** みんなで，いろいろな鉄棒を使った運動遊びをする ・ふとん干し　・こうもり　・さる ・ぶたの丸焼き　・ツバメ ・跳び上がりや跳び下り　・易しい回転 **○簡単な遊び方を工夫する** ・いろいろなぶら下がり方でじゃんけんをしたり体を揺らして遠くへ飛ぶ競争をしたりするなど楽しくできる場や遊び方を選ぶ			**学習のまとめ** **○固定施設や鉄棒を使った運動遊びのいろいろな運動遊びに挑戦する** **○学習のまとめをする**
評価の重点	知識・技能		① 観察・学習カード		③ 観察	② 観察・学習カード		④ 観察	
	思考・判断・表現						① 観察・学習カード		
	主体的に学習に取り組む態度	④ 観察・学習カード		② 観察・学習カード					① 観察・学習カード

【幼児期の運動遊びとの円滑な接続を図るための工夫（例）】

「固定施設を使って登り下りや渡り歩きをする」，「鉄棒を使って支持をしての揺れやぶら下がりをする」ために

幼児期の運動遊びの経験や発達の段階により，低学年の児童は，固定施設に登ったり渡り歩きをしたり，鉄棒にぶら下がったり揺れたりして遊ぶこと楽しみます。その一方で，固定施設の高さや逆さ姿勢になることに不安感や恐怖心がある児童がいる場合があります。

そのため低学年のはじめは，固定施設を使った運動遊びは，いろいろな固定施設で遊ぶ際に楽しくできる遊び方から始めるようにし，徐々にいろいろな動きができるようにしましょう。鉄棒を使った運動遊びは，動物などになりきって，鉄棒に支持したり，ぶら下がったり，揺れたりする動きに楽しみながら取り組めるようにしましょう。

（例）みんなでいろいろな固定施設を使った運動遊びをする
- ジャングルジムは，低い場所までの登り下りや低い場所での渡り歩きから始め，徐々にできる高さを高くする。
- 雲梯は，ぶら下がりから始め，慣れてきたら懸垂移行に挑戦する。
- 登り棒は，ぶら下がりから始め，慣れてきたら徐々に高い場所まで登り下りに挑戦する。
- 肋木での腕立て移動は，足を掛ける位置を低い場所から始め，徐々にできる高さを高くする。
- 平均台は，低いものでの渡り歩きから始め，徐々に高いものや長いものに挑戦する。

（例）みんなでいろいろな鉄棒を使った運動遊びをする
ツバメになって手で支持したり，こうもりになって両膝でぶら下がったり，さるになって両手でぶら下がって揺れたりして遊ぶ。

【第1学年において重点を置いて指導する内容（例）】

知識及び技能

固定施設を使った運動遊びでは，いろいろな固定施設でできる動きを増やして遊ぶことができるようにしましょう。鉄棒を使った運動遊びでは，鉄棒を使って手や腹，膝で支持したり，ぶら下がったり，揺れたりすることができるようにしましょう。その際，固定施設に登ったり鉄棒で逆さの姿勢になったりすることに不安感や恐怖心がなく安心して取り組めるように，行う高さを選べるようにしたり下にマットを敷いたりするなどの配慮をして楽しく取り組めるようにしましょう。

思考力，判断力，表現力等

友達と一緒に運動遊びをする中で，友達のよい動きを見付けることができるようにしましょう。また，用意されたいろいろな場の中から楽しくできる場を選んで遊ぶことができるようにしましょう。

学びに向かう力，人間性等

運動遊びをする際に，順番やきまりを守り，誰とでも仲よくしようとすることができるようにしましょう。また，危ないものがないか，近くに人がいないかなどの場の安全に気を付けることができるようにしましょう。

跳び箱を使った運動遊び

跳び箱を使った運動遊びは，跳び乗りや跳び下り，手を着いてのまたぎ乗りやまたぎ下りをして，それらができる楽しさに触れることができる運動遊びです。本単元例は，跳び箱を使ったいろいろな運動遊びをして遊ぶ時間を多く設定した単元前半から，徐々に遊び方や場を工夫して遊ぶ時間を多く設定した単元後半に進むようにすることで，できる運動遊びを増やしながら楽しく遊ぶことができる授業を展開するようにしています。

単元の目標

(1) 跳び箱を使った運動遊びの行い方を知るとともに，跳び乗りや跳び下り，手を着いてのまたぎ乗りやまたぎ下りをして遊ぶことができるようにする。
(2) 跳び箱を用いた簡単な遊び方を工夫するとともに，考えたことを友達に伝えることができるようにする。
(3) 跳び箱を使った運動遊びに進んで取り組み，順番やきまりを守り誰とでも仲よく運動をしたり，場や器械・器具の安全に気を付けたりすることができるようにする。

指導と評価の計画（8時間）

時間		1	2	3	4
ねらい		学習の見通しをもつ	跳び箱を使った運動遊びの行い方を知り， いろいろな運動遊びをして，みんなで楽しく遊ぶ		
学習活動		オリエンテーション 1　集合，挨拶，健康観察をする 2　単元の学習の見通しをもつ ○単元の目標と学習の進め方を知る。 ○学習のきまりを知る。 3　本時のねらいを知り，めあてを立てる 4　場や器械・器具の準備をする ○場や器械・器具の準備と片付けの仕方を知る。 5　準備運動，主運動につながる運動遊びをする ○準備運動，主運動につながる運動遊びの行い方を知る。 6　跳び箱を使った運動遊びをする ○これまでに学習した跳び箱を使ったいろいろな運動遊びの行い方を確認する。	1　集合，挨拶，健康観察をする　2　本時のねらいを知り， 4　準備運動，主運動につながる運動遊びをする 5　跳び箱を使った運動遊びをする ○跳び箱を使った運動遊びの行い方を知る。 ○跳び箱を使ったいろいろな運動遊びをする。 ○友達のよい動きを見付けたり，考えたりしたことを伝 6　簡単な遊び方を工夫して，跳び箱を使った運動遊びをす ○跳び箱を使った運動遊びの簡単な遊び方を知る。 ○楽しくできる場や遊び方を選んで，跳び箱を使った運 ○友達のよい動きを見付けたり，考えたりしたことを伝		
		7　本時を振り返り，次時への見通しをもつ　8　整理運動，場や器械・器具の片付けをする			
評価の重点	知識・技能				① 観察・学習カード
	思考・判断・表現				
	主体的に学習に取り組む態度	④ 観察・学習カード	② 観察・学習カード	③ 観察・学習カード	

単元の評価規準

知識・技能	思考・判断・表現	主体的に学習に取り組む態度
①跳び箱を使った運動遊びの行い方について，言ったり実際に動いたりしている。 ②跳び箱を使って跳び乗りや跳び下りをしたり，馬跳びやタイヤ跳びをしたりするなどして遊ぶことができる。	①簡単な遊び方を選んでいる。 ②友達のよい動きを見付けたり，考えたりしたことを友達に伝えている。	①跳び箱を使った運動遊びに進んで取り組もうとしている。 ②順番やきまりを守り，誰とでも仲よくしようとしている。 ③器械・器具の準備や片付けを友達と一緒にしようとしている。 ④場の安全に気を付けている。

5	6	7	8
簡単な遊び方を工夫し，いろいろな運動遊びをして，みんなで楽しく遊ぶ			学習のまとめをする
めあてを立てる　3　場や器械・器具の準備をする			
える。 る 動遊びをする。 える。			学習のまとめ 5　**跳び箱を使った運動遊びをする** ○楽しくできる遊び方を選んで，跳び箱を使った運動遊びをする。 ○選んだ場や遊び方を他のグループに紹介したり，他のグループが選んだ場で遊んだりする。 6　**単元を振り返り，学習のまとめをする** 7　**整理運動，場や器械・器具の片付けをする** 8　**集合，健康観察，挨拶をする**
9　**集合，健康観察，挨拶をする**			
			② 観察
① 観察・学習カード	② 観察・学習カード		
		① 観察・学習カード	

本時の目標と展開①（1／8時間）

本時の目標

(1) 跳び箱を使った運動遊びの行い方を知ることができるようにする。
(2) 簡単な遊び方を選ぶことができるようにする。
(3) 場の安全に気を付けることができるようにする。

本時の展開

<table>
<tr><th>時 間</th><th>学習内容・活動</th><th>指導上の留意点</th></tr>
<tr><td rowspan="4">5
分</td><td>1　集合，挨拶，健康観察をする
2　単元の学習の見通しをもつ
○単元の目標と学習の進め方を知る。
○学習をするグループを確認する。
○学習のきまりを知る。</td><td>

● 掲示物を活用するなどしながら，分かりやすく説明する。
● 学習をするグループを事前に決めておく。</td></tr>
<tr><td colspan="2">学習のきまりの例
・器械・器具は正しく使いましょう。　・器械・器具の片付けは友達と一緒にしましょう。
・安全に気を付けて遊びましょう。　・順番やきまりを守り，誰とでも仲よく遊びましょう。
</td></tr>
<tr><td colspan="2">3　本時のねらいを知り，めあてを立てる

跳び箱を使った運動遊びの学習の進め方を知り，学習の見通しをもとう</td></tr>
<tr><td>○本時のねらいを知り，自己のめあてを立てる。</td><td>● 学習カードを配り，使い方を説明する。</td></tr>
<tr><td rowspan="4">20
分</td><td>4　場や器械・器具の準備をする
○場や器械・器具の準備と片付けの仕方を知る。
○みんなで協力して，準備をする。</td><td>
● 安全な準備と片付けの仕方を説明する。

● 安全に気を付けている様子を取り上げて，称賛する。</td></tr>
<tr><td colspan="2">場や器械・器具の準備と片付けのきまりの例
・運動遊びをする場所に危険物がないか気を付けて，見付けたら先生に知らせましょう。
・器械・器具などは，友達と一緒に決まった場所から安全に気を付けて運びましょう。
・安全に運動遊びができるように，服装などが整っているか，気を付けましょう。
</td></tr>
<tr><td>5　準備運動，主運動につながる運動遊びをする
○準備運動，主運動につながる運動遊びの行い方を知る。
○みんなで準備運動，主運動につながる運動遊びをする。</td><td>
● けがの防止のために適切な準備運動の行い方について，実際に動いて示しながら説明する。</td></tr>
<tr><td colspan="2">準備運動の例
肩，首，腕，腰，手首，腿，膝，ふくらはぎ，足首などをほぐす運動を行う。
主運動につながる運動遊びの例
○イチ・ニ・サン・パー跳び遊び

・3は両足で跳び，パーで着地をする。イチニーサンパー，イチニーサンパーと繰り返して進む。

○かえるの足打ち

・腰を高く上げて，足を1，2回叩く。できるようになったら，叩く回数を増やす。</td></tr>
</table>

15分

6　**跳び箱を使った運動遊びをする**

○これまでに学習した跳び箱を使ったいろいろな運動遊びの行い方を確認する。

○自己のできる段数の跳び箱を設置した場を選んで，跳び箱を使ったいろいろな運動遊びをする。

- 跳び箱を使った運動遊びの行い方について，場を示したり，実際に動いて示したりしながら説明する。

跳び箱を使った運動遊びの例

これまでに学習した運動遊びのうち，どの運動遊びができるか確かめられるように，できそうな段数の場を選んで試してみましょう。

○踏み越し跳び・跳び下り

片足で踏み切って跳び箱に跳び乗り，ジャンプをして跳び下りる。

○支持でのまたぎ乗り・またぎ下り

両足で踏み切って跳び箱に両手を着いてまたぎ乗り，またいだ姿勢で手を支点に体重を移動させてまたぎ下りる。

- 安全に気を付けている様子を取り上げて，称賛する。

◆学習評価◆　主体的に学習に取り組む態度
④場の安全に気を付けている。

➡　運動遊びをするときなどに，危ないものは無いか，近くに人はいないか，器械・器具が安全に置かれているかなど，安全に気を付けている姿を評価する。（観察・学習カード）

◎安全に気を付けることに意欲的でない児童への配慮の例

➡　**運動遊びを始める前や終わった後に友達に合図を出したり，合図が出たら友達と一緒に安全に気を付けて安全であることを伝え合ったりするなどの配慮をする。**

5分

7　**本時を振り返り，次時への見通しをもつ**

本時の振り返り

・跳び箱を使ったいろいろな運動遊びをして楽しかったことを，発表したり書いたりしましょう。
・安全のために気を付けたことを，発表したり書いたりしましょう。
・単元の学習で楽しみたいことやできるようになりたいことなど，自己のめあてを書きましょう。

○振り返りを発表して，友達に伝える。

- 振り返りを発表したり学習カードに記入したりするように伝えるとともに，気付きや考えのよさを取り上げて，称賛する。

8　**整理運動，場や器械・器具の片付けをする**

- 整理運動の行い方について，実際に動いて示しながら説明するとともに，けががないかなどを確認する。

9　**集合，健康観察，挨拶をする**

本時の目標と展開②（3／8時間）

本時の目標

(1) 跳び箱を使った運動遊びの行い方を知ることができるようにする。
(2) 簡単な遊び方を選ぶことができるようにする。
(3) 器械・器具の準備や片付けを，友達と一緒にすることができるようにする。

本時の展開

時 間	学習内容・活動	指導上の留意点
10分	1　集合，挨拶，健康観察をする 2　本時のねらいを知り，めあてを立てる	
	跳び箱を使った運動遊びの行い方を知り，いろいろな運動遊びをして，みんなで楽しく遊ぼう	
	○本時のねらいを知り，自己のめあてを立てる。	●学習カードを配り，立てためあてを記入するように伝える。
	3　場や器械・器具の準備をする ○みんなで協力して，準備をする。	●安全な準備の仕方を確認する。 ●場や器械・器具の準備を友達と一緒にしようとしている様子を取り上げて，称賛する。 **◆学習評価◆　主体的に学習に取り組む態度** **③器械・器具の準備や片付けを友達と一緒にしようとしている。** ➡　友達と一緒に器械・器具の準備や片付けをしようとしている姿を評価する。（観察・学習カード） **◎準備や片付けを友達と一緒にすることに意欲的でない児童への配慮の例** ➡　一人で準備や片付けをすることは危なかったり，余計な時間がかかってしまったりすることを伝え，一緒にすることが大切であることに気付くようにするなどの配慮をする。 ➡　準備や片付けの仕方が分からない児童には，個別に関わって行い方を説明したり，グループの友達や教師が誘って一緒に行ったりするなどの配慮をする。
	4　準備運動，主運動につながる運動遊びをする ○みんなで準備運動，主運動につながる運動遊びをする。	●けがの防止のために適切な準備運動を行うように，実際に動いて示しながら伝える。

主運動につながる運動遊びの例

○うさぎ跳び

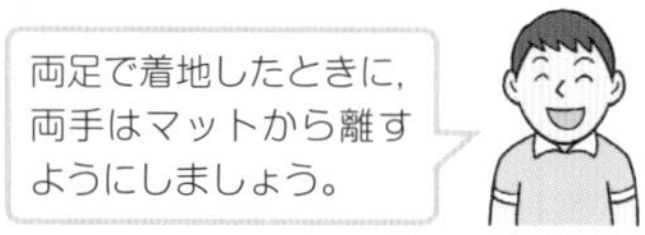

両足で着地したときに，
両手はマットから離す
ようにしましょう。

・着地のときは手を前に出して体を起こす。

○あしか歩き

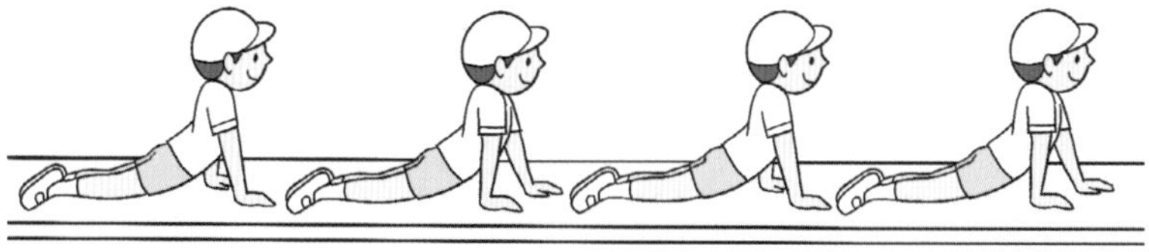

・両手の平と両足の甲で体を支えて，手を使って進む。

15分	5　跳び箱を使った運動遊びをする ○跳び箱を使った運動遊びの行い方を知る。 ○跳び箱を使ったいろいろな運動遊びをする。	●跳び箱を使った運動遊びの行い方について，場を示したり，実際に動いて示したりしながら説明する。

跳び箱を使った運動遊びの例
○支持での跳び乗り・跳び下り

両足の裏で跳び箱の上に乗ることを目指して取り組む。
慣れてきたら，両足で跳び乗ったときに，着いた手は跳び箱から離すようにする。

◎怖くて運動に意欲的でない児童への配慮の例

➡　跳び箱の高さが低い場や，跳び箱の代わりに重ねたマットを使うなど痛くないように配慮した場を設定したり，条件を変えた場を複数設定して選択できるようにしたりするなどの配慮をする。

15分	6　簡単な遊び方を工夫して，跳び箱を使った運動遊びをする ○跳び箱を使った運動遊びの簡単な遊び方を知る。 ○楽しくできる場や遊び方を選んで，跳び箱を使った運動遊びをする。	●跳び箱を使った運動遊びの簡単な遊び方について，場を示したり，実際に動いて示したりしながら説明する。

跳び箱を使った運動遊びの簡単な遊び方の例
○跳び下りと着地の仕方を選ぶ　　　　　　　　　　○跳び下りやまたぎ下りで下りる位置を選ぶ

・跳び下りで手を叩いたり回ったりして着地する。　　　・マットに引いた線を選んで着地する。

安全にできる行い方を選んで，両足でピタッと着地ができるようにしましょう。

	○友達のよい動きを見付けたり，考えたりしたことを伝える。	●見付けたり考えたりしたことを伝えていることを取り上げて，称賛する。

5分	7　本時を振り返り，次時への見通しをもつ	

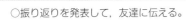

本時の振り返り
・跳び箱を使った運動遊びをして楽しかったことを，発表したり書いたりしましょう。
・準備や片付けで友達と一緒にできたことを，発表したり書いたりしましょう。

	○振り返りを発表して，友達に伝える。	●振り返りを発表したり学習カードに記入したりするように伝えるとともに，気付きや考えのよさを取り上げて，称賛する。
	8　整理運動，場や器械・器具の片付けをする	●適切な整理運動を行うように，実際に動いて示しながら伝えるとともに，けががないかなどを確認する。
	9　集合，健康観察，挨拶をする

本時の目標と展開③（5／8時間）

本時の目標

(1) 跳び箱を使って跳び乗りや跳び下りをしたり，馬跳びやタイヤ跳びをしたりして遊ぶことができるようにする。
(2) 簡単な遊び方を選ぶことができるようにする。
(3) 跳び箱を使った運動遊びに進んで取り組むことができるようにする。

本時の展開

時間	学習内容・活動	指導上の留意点
15分	1　**集合，挨拶，健康観察をする** 2　**本時のねらいを知り，めあてを立てる**	
	簡単な遊び方を工夫し，いろいろな運動遊びをして，みんなで楽しく遊ぼう	
	○本時のねらいを知り，自己のめあてを立てる。	●学習カードを配り，立てためあてを記入するように伝える。
	3　**場や器械・器具の準備をする** ○みんなで協力して，準備をする。	●安全な準備の仕方を確認する。
	4　**準備運動，主運動につながる運動遊びをする** ○みんなで準備運動，主運動につながる運動遊びをする。	●けがの防止のために適切な準備運動を行うように，実際に動いて示しながら伝える。

主運動につながる運動遊びの例

○馬跳び

・グループで並んで，続けて馬跳びをする。

・ペアで繰り返し馬跳びをする。

○タイヤ跳び

・校庭での学習や休み時間に遊ぶようにする。

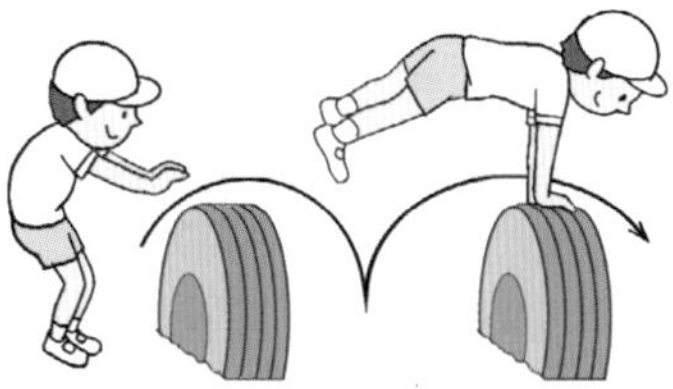

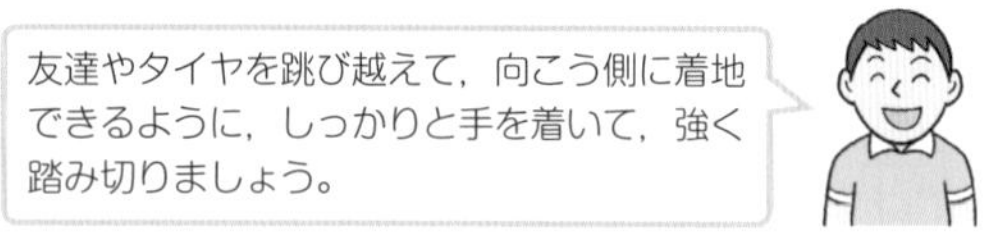
友達やタイヤを跳び越えて，向こう側に着地できるように，しっかりと手を着いて，強く踏み切りましょう。

時間	学習内容・活動	指導上の留意点
10分	5　**跳び箱を使った運動遊びをする** ○跳び箱を使ったいろいろな運動遊びをする。	

◎跳び箱を使った運動遊びが苦手な児童への配慮の例

➡　跳び箱の手前に低い跳び箱を置いて跳び箱に跳び乗りやすくして，手で支えたり跳んだりする動きが身に付くようにするなどの配慮をする。

15分

6　簡単な遊び方を工夫して，跳び箱を使った運動遊びをする

○みんなで工夫した場の準備をする。
○楽しくできる場や遊び方を選んで，跳び箱を使った運動遊びをする。

・楽しくできる場や遊び方を選んでいることを取り上げて，称賛する。

跳び箱を使った運動遊びの簡単な遊び方の例

○同じ高さの跳び箱をつなげて設置した場でのまたぎ乗り・またぎ下り

［二台設置］

［三台設置］

○段差を付けた跳び箱をつなげて設置した場での跳び乗り・支持と開脚での跳び下り

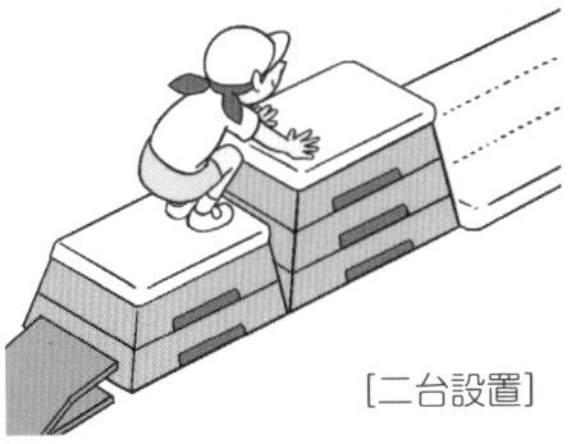

［二台設置］

［三台設置］

◆学習評価◆　思考・判断・表現
①簡単な遊び方を選んでいる。

➡　楽しくできる場や遊び方を選んでいる姿を評価する。（観察・学習カード）

◎簡単な遊び方を選ぶことが苦手な児童への配慮の例

➡　友達が楽しんでいる場を試したり，自己ができそうな場に挑戦したりして，楽しく遊ぶことができる遊び方を見付けるようにするなどの配慮をする。

○友達のよい動きを見付けたり，考えたりしたことを伝える。

・見付けたり考えたりしたことを伝えていることを取り上げて，称賛する。

◎見付けたり考えたりしたことを伝えることが苦手な児童への配慮の例

➡　個別に関わり，見付けたり考えたりしたことを聞き取って友達に伝えることを支援したり，友達と二人で伝え合う場面を設けたりするなどの配慮をする。

5分

7　本時を振り返り，次時への見通しをもつ

本時の振り返り
・跳び箱を使った運動遊びでできた運動遊びを，発表したり書いたりしましょう。
・跳び箱を使った運動遊びで選んだ遊び方を，発表したり書いたりしましょう。

○振り返りを発表して，友達に伝える。

・振り返りを発表したり学習カードに記入したりするように伝えるとともに，気付きや考えのよさを取り上げて，称賛する。

8　整理運動，場や器械・器具の片付けをする

・適切な整理運動を行うように，実際に動いて示しながら伝えるとともに，けががないかなどを確認する。

9　集合，健康観察，挨拶をする

本時の目標と展開④（8／8時間）

本時の目標

(1) 跳び箱を使って跳び乗りや跳び下りをしたり，馬跳びやタイヤ跳びをしたりして遊ぶことができるようにする。
(2) 友達のよい動きを見付けたり，考えたりしたことを伝えることができるようにする。
(3) 跳び箱を使った運動遊びに進んで取り組むことができるようにする。

本時の展開

時間	学習内容・活動	指導上の留意点
10分	1　**集合，挨拶，健康観察をする** 2　**本時のねらいを知り，めあてを立てる**	
	跳び箱を使った運動遊びの工夫した遊び方を見せ合って，学習のまとめをしよう	
	○本時のねらいを知り，自己のめあてを立てる。	・学習カードを配り，立てためあてを記入するように伝える。
	3　**場や器械・器具の準備をする** ○みんなで協力して，準備をする。	・安全な準備の仕方を確認する。
	4　**準備運動，主運動につながる運動遊びをする** ○みんなで準備運動，主運動につながる運動遊びをする。	・けがの防止のために適切な準備運動を行うように，実際に動いて示しながら確認する。
10分	5　**跳び箱を使った運動遊びをする。** ○跳び箱を使ったいろいろな運動遊びをする。	・行い方のポイントを押さえた動きを取り上げて，称賛する **◆学習評価◆　知識・技能** **②跳び箱を使って跳び乗りや跳び下りをしたり，馬跳びやタイヤ跳びをしたりして遊ぶことができる。** ➡　跳び箱や工夫した場で，いろいろな跳び乗りや跳び下りなどの運動遊びをしたり，馬跳びやタイヤ跳び（授業で取り扱った場合）をしたりしている姿を評価する。（観察）
15分	○グループで遊びたい場を選んで，準備をする。	・安全な準備の仕方を確認する。
	○楽しくできる遊び方を選んで，跳び箱を使った運動遊びをする。	・各グループが順番に発表できるようにする。
	○選んだ場や遊び方を他のグループに紹介したり，他のグループが選んだ場で遊んだりする。	・進んで取り組もうとしている様子を取り上げて，称賛する。
10分	6　**単元を振り返り，学習のまとめをする**	
	単元の学習の振り返り ・単元の学習で楽しかったことやできるようになったことを，発表したり書いたりしましょう。 ・学習したことで，今後も取り組んでいきたいことを，発表したり書いたりしましょう。	
	○振り返りを発表して，友達に伝える。	・振り返りを発表したり学習カードに記入したりするように伝えるとともに，気付きや考えのよさを取り上げて，称賛する。
	7　**整理運動，場や器械・器具の片付けをする**	・適切な整理運動を行うように，実際に動いて示しながら伝えるとともに，けががないかなどを確認する。
	8　**集合，健康観察，挨拶をする**	

2学年間にわたって取り扱う場合

【第1学年における指導と評価の計画（例）】

時間		1	2	3	4	5	6	7	8
ねらい		学習の見通しをもつ	跳び箱を使った運動遊びの行い方を知り，いろいろな動きをしてみんなで楽しく遊ぶ			簡単な遊び方を工夫してみんなで楽しく遊ぶ			学習のまとめをする
学習活動		オリエンテーション ○学習の見通しをもつ ・学習の進め方 ・学習のきまり ○跳び箱を使った運動遊び ・助走から踏切り ・またぎ乗り ・跳び下り	○跳び箱を使った運動遊びをする みんなで，いろいろな跳び箱を使った運動遊びをする ○新しい運動遊びに挑戦する ・踏み越し跳び ・またぎ乗り，またぎ下り ・跳び乗り，跳び下り			○簡単な遊び方を工夫する ・いろいろな場から楽しくできる場を選ぶ ・跳び下りの着地の仕方を選ぶ			学習のまとめ ○簡単な遊び方を工夫する ○学習のまとめをする
評価の重点	知識・技能				① 観察・学習カード				② 観察
	思考・判断・表現					① 観察・学習カード	② 観察・学習カード		
	主体的に学習に取り組む態度	④ 観察・学習カード	② 観察・学習カード	③ 観察・学習カード				① 観察・学習カード	

【幼児期の運動遊びとの円滑な接続を図るための工夫（例）】

● 「跳び箱を使って跳び乗りや跳び下りをする」ために

幼児期の運動遊びの経験や発達の段階により，低学年の児童は，様々なものになりきって多様な動きをして遊ぶことを楽しみます。

そのため低学年のはじめは，ヒーローや忍者などになりきって跳び箱を使った運動遊びをして，助走から踏切り板の上で両足で踏み切ったり，跳び箱に両手を着いてまたぎ乗りや跳び乗りをしたり，跳び箱の上から下りて両足で安全に着地したりする動きに楽しみながら取り組めるようにしましょう。

(例) 助走から踏切り，またぎ乗り，跳び下り

跳び箱を使った運動遊びを，ヒーローの得意技や忍者の忍術として児童に提示する。オリエンテーションで，助走から踏切り板で踏み切ってマットに着地する遊びや，助走をしないで跳び箱に手を着きまたぎ乗りをする遊び，跳び箱に乗ったところから跳び下り安全に着地をする遊びなど動き方の基本となる易しい運動遊びをする際も，ヒーローや忍者になって楽しく取り組むことができるようにする。

(例) 跳び下りの着地の仕方を選ぶ

走って跳び乗った跳び箱の上から，空中で手を叩いたり半回転したり，大の字などのポーズをしたりするなど，いろいろな着地の仕方を選ぶ。その際は，両足で安全に着地する動きに十分に取り組んだ上で行うようにすること，高さが低い跳び箱から始めるようにすることなどに配慮する。

【第1学年において重点を置いて指導する内容（例）】

● 知識及び技能

助走から両足で踏み切ること，跳び箱に両手を着いてまたぎ乗ったり跳び乗ったりすること，跳び箱の上から下りて両足で安全に着地することができるようにしましょう。その際，助走の距離を伸ばしたり跳び箱の高さを上げたりすることを目指すのではなく，安全にできる助走の距離や跳び箱の高さの場を知り，楽しく取り組めるようにしましょう。

● 思考力，判断力，表現力等

友達と一緒に運動遊びをする中で，友達のよい動きを見付けることができるようにしましょう。また，用意されたいろいろな場の中から楽しくできる場を選んで遊ぶことができるようにしましょう。

● 学びに向かう力，人間性等

運動遊びをする際に，順番やきまりを守り，誰とでも仲よくしようとすることができるようにしましょう。また，危ないものがないか，近くに人がいないか，跳び箱や踏切り板などが安全に置かれているかなどの場の安全に気を付けることができるようにしましょう。

C
走・跳の運動遊び

走の運動遊び

走の運動遊びは，いろいろな方向に走ったり，手でのタッチやバトンの受渡しをするリレー遊びをしたり，低い障害物を走り越えたりする楽しさに触れることができる運動遊びです。本単元例は，単元前半はかけっことリレー遊びをして遊ぶ時間，単元後半は低い障害物を用いてのかけっことリレー遊びをして遊ぶ時間を設定することで，かけっことリレー遊びの学習で身に付けたこと生かして，障害物を用いたかけっことリレー遊びをして楽しく遊ぶことができる授業を展開するようにしています。

単元の目標

(1) 走の運動遊びの行い方を知るとともに，いろいろな方向に走ったり，低い障害物を走り越えたりして遊ぶことができるようにする。
(2) 簡単な遊び方を工夫するとともに，考えたことを友達に伝えることができるようにする。
(3) 走の運動遊びに進んで取り組み，順番やきまりを守り誰とでも仲よく運動をしたり，勝敗を受け入れたり，場の安全に気を付けたりすることができるようにする。

指導と評価の計画（7時間）

時間		1	2	3
ねらい		学習の見通しをもつ	かけっこや折り返しリレー遊びの行い方を知り，簡単な遊び方を工夫して，みんなで楽しく遊ぶ	
学習活動		オリエンテーション 1 集合，挨拶，健康観察をする 2 単元の学習の見通しをもつ ○単元の目標と学習の進め方を知る。 ○学習のきまりを知る。 3 本時のねらいを知り，めあてを立てる 4 場や用具の準備をする ○場や用具の準備と片付けの仕方を知る。 5 準備運動，主運動につながる運動遊びをする ○準備運動，主運動につながる運動遊びの行い方を知る。 6 かけっこをする ○かけっこの行い方を知る。 ○いろいろな形状の線上を走って遊ぶ。	1 集合，挨拶，健康観察をする　2 本時のねらい 4 準備運動，主運動につながる運動遊びをする 5 かけっこをする ○かけっこの簡単な遊び方を知る。 ○いろいろな形状の線から，自己に適した場を選んで遊ぶ。 ○友達のよい動きを見付けたり，考えたりしたことを伝える。 6 折り返しリレー遊びをする ○折り返しリレー遊びの行い方を知る。 ○簡単な遊び方を選んで遊ぶ。 ○友達のよい動きを見付けたり，考えたりしたことを伝える。	
		7 本時を振り返り，次時への見通しをもつ　8 整理運動，場や用具の片付けをする　9 集		
評価の重点	知識・技能			
	思考・判断・表現			
	主体的に学習に取り組む態度	⑤ 観察・学習カード	③ 観察・学習カード	② 観察・学習カード

単元の評価規準

知識・技能	思考・判断・表現	主体的に学習に取り組む態度
①走の運動遊びの行い方について，言ったり実際に動いたりしている。 ②距離や方向を決めて走ったり，折り返しリレー遊びをしたり，低い障害物を用いてのリレー遊びをしたりして遊ぶことができる。	①簡単な遊び方を選んでいる。 ②友達のよい動きを見付けたり，考えたりしたことを友達に伝えている。	①走の運動遊びに進んで取り組もうとしている。 ②順番やきまりを守り，誰とでも仲よくしようとしている。 ③勝敗を受け入れようとしている。 ④用具の準備や片付けを友達と一緒にしようとしている。 ⑤場の安全に気を付けている。

4	5	6	7
低い障害物を用いてのかけっこやリレー遊びの行い方を知り，簡単な遊び方を工夫して，みんなで楽しく遊ぶ			学習のまとめをする
を知り，めあてを立てる　3　場や用具の準備をする			
5　**低い障害物を用いてのかけっこをする** ○低い障害物を用いてのかけっこの行い方を知る。 ○いろいろな間隔に並べた障害物から，自己に適した場を選んで遊ぶ。 ○友達のよい動きを見付けたり，考えたりしたことを伝える。 6　**低い障害物を用いてのリレー遊びをする** ○低い障害物を用いてのリレー遊びの行い方を知る。 ○簡単な遊び方を選んで遊ぶ。 ○友達のよい動きを見付けたり，考えたりしたことを伝える。			学習のまとめ 5　**走の運動遊び大会をする** ○自己に適した場を選んで，折り返しリレー遊びをする。 ○自己に適した場を選んで，低い障害物を用いてのリレー遊びをする。 6　**単元を振り返り，学習のまとめをする** 7　**整理運動，場や用具の片付けをする** 8　**集合，健康観察，挨拶をする**
合，健康観察，挨拶をする			
① 観察・学習カード			② 観察
	① 観察・学習カード	② 観察・学習カード	
④ 観察・学習カード			① 観察・学習カード

本時の目標と展開①（1／7時間）

本時の目標

(1) 走の運動遊びの行い方を知ることができるようにする。
(2) 簡単な遊び方を選ぶことができるようにする。
(3) 場の安全に気を付けることができるようにする。

本時の展開

<table>
<tr><th>時間</th><th>学習内容・活動</th><th>指導上の留意点</th></tr>
<tr><td rowspan="5">5
分</td><td>1　集合，挨拶，健康観察をする
2　単元の学習の見通しをもつ
○単元の目標と学習の進め方を知る。
○チームを確認する。
○学習のきまりを知る。</td><td>●掲示物を活用するなどしながら，分かりやすく説明する。
●どのチームも同じくらいの走力になるように配慮して，六人を基本としたチームを事前に決めておく。</td></tr>
<tr><td colspan="2">学習のきまりの例
・用具は正しく使いましょう。
・安全に気を付けて遊びましょう。
・競走の勝敗を受け入れましょう。
・順番やきまりを守り，誰とでも仲よく遊びましょう。
</td></tr>
<tr><td>3　本時のねらいを知り，めあてを立てる</td><td></td></tr>
<tr><td colspan="2">走の運動遊びの学習の進め方を知り，学習の見通しをもとう</td></tr>
<tr><td>○本時のねらいを知り,自己のめあてを立てる。</td><td>●学習カードを配り，使い方を説明する。</td></tr>
<tr><td rowspan="4">15
分</td><td>4　場や用具の準備をする
○場や用具の準備と片付けの仕方を知る。
○みんなで協力して，準備をする。</td><td>●安全な準備と片付けの仕方を説明する。
●安全に気を付けている様子を取り上げて，称賛する。</td></tr>
<tr><td colspan="2">場や用具の準備と片付けのきまりの例
・運動遊びをする場所に危険物がないか気を付けて，見付けたら先生に知らせましょう。
・運動遊びに使う用具などは，友達と一緒に決まった場所から安全に気を付けて運びましょう。
・安全に運動遊びができるように，服装などが整っているか，気を付けましょう。
</td></tr>
<tr><td>5　準備運動，主運動につながる運動遊びをする
○準備運動，主運動につながる運動遊びの行い方を知る。
○みんなで準備運動，主運動につながる運動遊びをする。</td><td>●けがの防止のために適切な準備運動の行い方について，実際に動いて示しながら説明する。</td></tr>
<tr><td colspan="2">準備運動の例
○徒手での運動　…　肩，腕，手首，腿，膝，ふくらはぎ，足首などをほぐす運動をする。
主運動につながる運動遊びの例
○手つなぎ鬼

周りをよく見て，友達とぶつからないように走りましょう。

○ねことねずみ
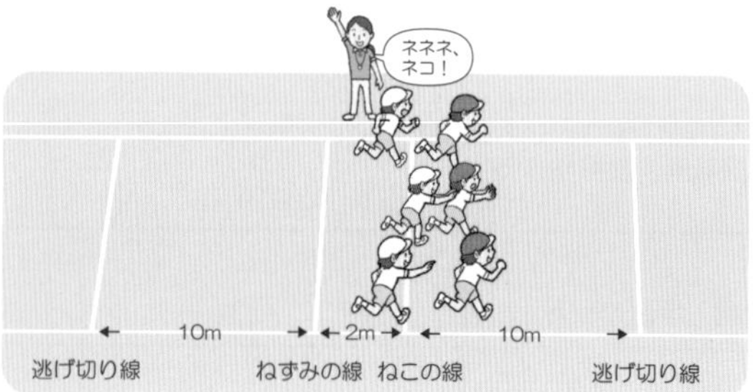

・二人組でねことねずみの役を決め，教師の合図でどちらかが鬼になり，逃げたり追いかけたりする。
・逃げ切り線までにタッチをできるか，逃げられるかを楽しむ。</td></tr>
</table>

20分

6　かけっこをする

○かけっこの行い方を知る。

○チームでいろいろな形状の線上を走って遊ぶ。

● かけっこの行い方について，場を示したり，実際に動いて示したりしながら説明する。

いろいろな形状の線上を走るかけっこの例

○真っ直ぐ（30 ～ 40 m程度）

○ジグザグ

○大きく回る

○うずまき

○８の字

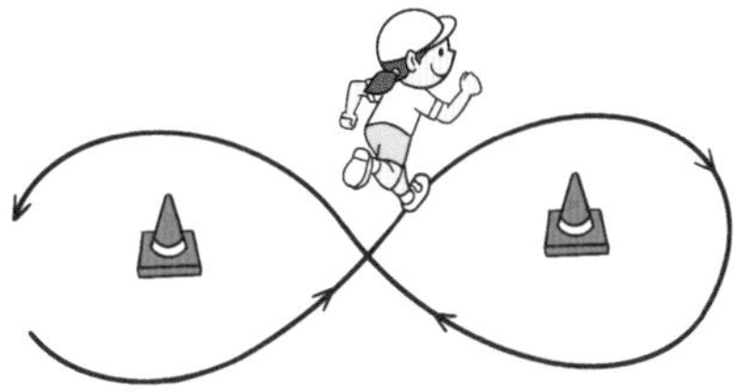

● 順番やきまりを守ろうとしている様子を取り上げて，称賛する。

◎かけっこをすることに意欲的でない児童への配慮の例

➡　いろいろな形状の線の中から自己が楽しく走ることができる線を選んで繰り返し走って遊び，徐々に別の線でも遊びたくなるようにするなどの配慮をする。

● 安全に気を付けている様子を取り上げて，称賛する。

◆学習評価◆　主体的に学習に取り組む態度
⑤場の安全に気を付けている。

➡　場に危険物がないか，友達とぶつからない十分な間隔があるかなど，遊ぶときに安全に気を付けている。（観察・学習カード）

◎安全に気を付けることに意欲的でない児童への配慮の例

➡　「走る前は急がず周りや走る場をよく見ましょう。」などの声をかけたり，友達と一緒に安全に気を付けて安全であることを伝え合ったりするなどの配慮をする。

5分

7　本時を振り返り，次時への見通しをもつ

本時の振り返り
・いろいろな線に合わせて走って楽しかったことを，発表したり書いたりしましょう。
・安全のために気を付けたことを，発表したり書いたりしましょう。
・単元の学習で楽しみたいことやできるようになりたいことを，発表したり書いたりしましょう。

○振り返りを発表して，友達に伝える。

● 振り返りを発表したり学習カードに記入したりするように伝えるとともに，気付きや考えのよさを取り上げて，称賛する。

8　整理運動，場や用具の片付けをする

● 整理運動の行い方について，実際に動いて示しながら説明するとともに，けががないかなどを確認する。

9　集合，健康観察，挨拶をする

本時の目標と展開②（2／7時間）

本時の目標

(1) 走の運動遊びの行い方を知ることができるようにする。
(2) 簡単な遊び方を選ぶことができるようにする。
(3) 勝敗を受け入れることができるようにする。

本時の展開

時 間	学習内容・活動	指導上の留意点
10 分	1　**集合，挨拶，健康観察をする** 2　**本時のねらいを知り，めあてを立てる**	
	かけっこやリレー遊びの行い方を知り，簡単な遊び方を工夫して，みんなで楽しく遊ぼう	
	○本時のねらいを知り,自己のめあてを立てる。 3　**場や用具の準備をする** ○みんなで協力して，準備をする。 4　**準備運動,主運動につながる運動遊びをする** ○みんなで準備運動，主運動につながる運動遊びをする。	● 学習カードを配り，立てためあてを記入するように伝える。 ● 安全な準備の仕方を確認する。 ● けがの防止のために適切な準備運動を行うように，実際に動いて示しながら伝える。
15 分	5　**かけっこをする** ○かけっこの簡単な遊び方を知る。	● かけっこの簡単な遊び方について，場を示したり，実際に動いて示したりしながら説明する。

かけっこの簡単な遊び方の例

○並んで競走をする

・友達と走る線を選んで競走をする。
・走る力に差があるときは，相手と相談してスタート線を前後にずらして選んで競走をする。

○円の場で競走をする

・円の線上に向かい合う２つの三角コーンから，スタートの合図で二人が同時に走り出す。
・円を一周走ってもとの三角コーンまでどちらが先に戻るかの競走をする。

時 間	学習内容・活動	指導上の留意点
15 分	○いろいろな形状の線から，自己に適した場を選んで遊ぶ。	● 楽しくできる遊び方を選んでいることを取り上げて，称賛する。 ● 勝敗を受け入れようとしている様子を取り上げて，称賛する。 **◆学習評価◆　主体的に学習に取り組む態度** **③勝敗を受け入れようとしている。** ➡　かけっこで競走をして遊んだり，リレー遊びをしたりした際に，勝敗を受け入れようとしている姿を評価する。（観察・学習カード） **◎勝敗を受け入れることに意欲的でない児童への配慮の例** ➡　競走をした後は，勝っても負けても互いに拍手し合うようにしたり，勝ったときや負けたときの態度の表し方を事前に確認したりするなどの配慮をする。
	○友達のよい動きを見付けたり，考えたりしたことを伝える。	● 見付けたり考えたりしたことを伝えていることを取り上げて，称賛する。

6 リレー遊びをする

○リレー遊びの行い方を知る。
○チームで走順を決めて，リレー遊びをする。

●リレー遊びの行い方について，場を示したり，実際に動いて示したりしながら説明する。

リレー遊びの行い方の例

○折り返しリレー遊び

・スタート線から 15 m地点に三角コーンを置く。
・スタート線から走り出し，三角コーンを回って戻る。
・バトンはリング状のものを使い，対面で友達の手の平に優しく渡すようにする。

○リレー遊びの簡単な遊び方を知る。
○チームで簡単な遊び方を選んで，リレー遊びをする。

●リレー遊びの簡単な遊び方について，場を示したり，実際に動いて示したりしながら説明する。

15分

リレー遊びの簡単な遊び方の例

○場に置いた三角コーンに合わせた走り方を，相手チームと相談して決めて競走をする。

・三角コーンに合わせてジグザグに走る。

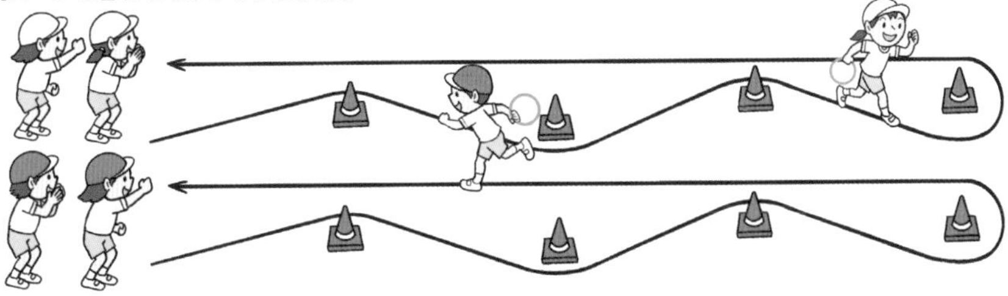

・三角コーンを回って走る。

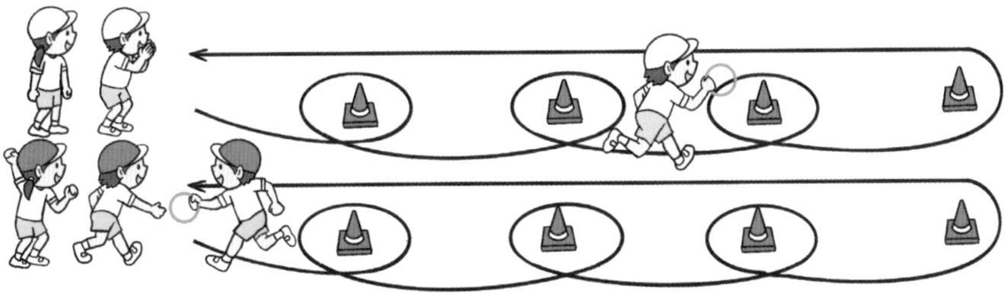

○友達のよい動きを見付けたり，考えたりしたことを伝える。

●見付けたり考えたりしたことを伝えていることを取り上げて，称賛する。

5分

7 本時を振り返り，次時への見通しをもつ

本時の振り返り

・かけっこやリレー遊びで選んだ遊び方を，発表したり書いたりしましょう。
・かけっこやリレー遊びをして楽しかったことを，発表したり書いたりしましょう。
・勝敗を受け入れるときに気付いたことを，発表したり書いたりしましょう。

○振り返りを発表して，友達に伝える。

●振り返りを発表したり学習カードに記入したりするように伝えるとともに，気付きや考えのよさを取り上げて，称賛する。

8 整理運動，場や用具の片付けをする

●適切な整理運動を行うように，実際に動いて示しながら伝えるとともに，けががないかなどを確認する。

9 集合，健康観察，挨拶をする

本時の目標と展開③（5／7時間）

本時の目標

(1) 距離や方向を決めて走ったり，折り返しリレー遊びをしたり，低い障害物を用いてのリレー遊びをしたりして遊ぶことができるようにする。
(2) 簡単な遊び方を選ぶことができるようにする。
(3) 走の運動遊びに進んで取り組むことができるようにする。

本時の展開

時間	学習内容・活動	指導上の留意点
10分	**1　集合，挨拶，健康観察をする** **2　本時のねらいを知り，めあてを立てる**	
	低い障害物を用いてのかけっこやリレー遊びの行い方を知り，簡単な遊び方を工夫して，みんなで楽しく遊ぼう	
	○本時のねらいを知り,自己のめあてを立てる。	●学習カードを配り，立てためあてを記入するように伝える。
	3　場や用具の準備をする ○みんなで協力して，準備をする。	●安全な準備の仕方を確認する。
	4　準備運動,主運動につながる運動遊びをする ○みんなで準備運動，主運動につながる運動遊びをする。	●けがの防止のために，適切な準備運動を行うように，実際に動いて示しながら伝える。
15分	**5　低い障害物を用いてのかけっこをする** ○低い障害物を用いてのかけっこの行い方を知る。 ○チームでいろいろな障害物の場を走って遊ぶ。	●低い障害物を用いてのかけっこの行い方について，場を示したり，実際に動いて示したりしながら説明する。

低い障害物を用いてのかけっこの行い方の例

○いろいろな間隔に並べられたいろいろな障害物を走り越えて遊ぶ。

フープ　段ボール箱　倒した三角コーン　ペットボトル

時間	学習内容・活動	指導上の留意点
		◎低い障害物を走り越えることが苦手な児童への配慮の例 ➡　地面に引いた線を障害物に見立てたり，短い段ボールの板など高さがない障害物を用いたりするなどの配慮をする。
	○低い障害物を用いてのかけっこの簡単な遊び方を知る。 ○自己に適した障害物や並べる間隔を選んで遊ぶ。	●低い障害物を用いてのかけっこの簡単な遊び方について，場を示したり，実際に動いて示したりしながら説明する。 ●楽しくできる遊び方を選んでいることを取り上げて，称賛する。

低い障害物を用いてのかけっこの簡単な遊び方の例

○障害物を並べる間隔を工夫する。

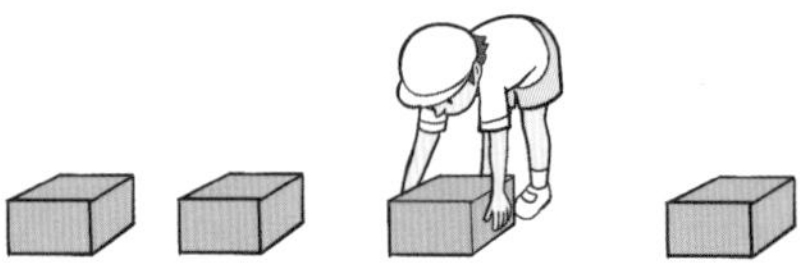

○いろいろな障害物を並べる工夫をする。

時間	学習内容・活動	指導上の留意点
	○友達のよい動きを見付けたり，考えたりしたことを伝える。	●見付けたり考えたりしたことを伝えていることを取り上げて，称賛する。

6　低い障害物を用いてのリレー遊びをする 　○低い障害物を用いてのリレー遊びの行い方を知る。 　○チームで走順を決めて，リレー遊びをする。	● 低い障害物を用いてのリレー遊びの行い方について，場を示したり，実際に動いて示したりしながら説明する。

低い障害物を用いてのリレー遊びの行い方の例
○折り返しリレー遊び

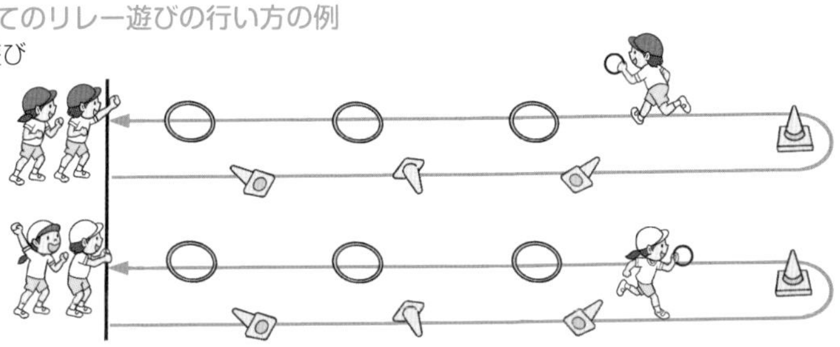

・スタート線から15m地点に三角コーンを置く。
・スタート線から走り出し，三角コーンを回って戻り，対面でバトンの受渡しをする。

	○低い障害物を用いてのリレー遊びの簡単な遊び方を知る。 ○簡単な遊び方を選んで，リレー遊びをする。	● 低い障害物を用いてのリレー遊びの簡単な遊び方について，場を示したり，実際に動いて示したりしながら説明する。

低い障害物を用いてのリレー遊びの簡単な遊び方の例
○場に並べる障害物を相手チームと相談して決め，並べ方を工夫して競走をする。
・どの障害物をいくつ並べるかは，相手チームと相談して決める。
・障害物を並べる間隔や順番は，チームで相談して決める。

15
分

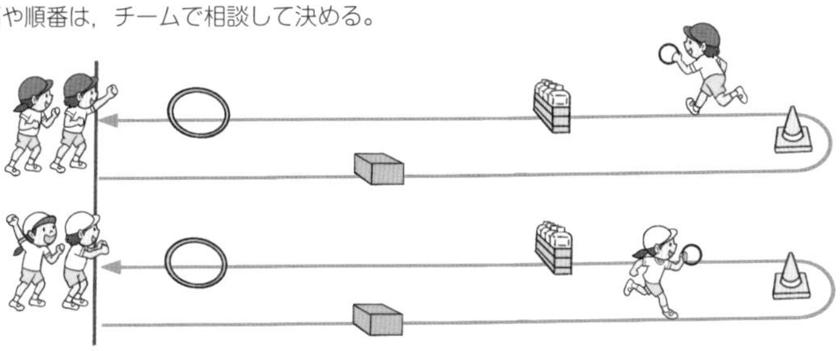

● 楽しくできる遊び方を選んでいることを取り上げて，称賛する。

◆学習評価◆　思考・判断・表現
①簡単な遊び方を選んでいる。

➡　自己に適した場や，楽しく走り越すことができる障害物の並べ方を選んでいる姿を評価する。（観察・学習カード）

◎簡単な遊び方を選ぶことが児童への配慮の例

➡　友達が楽しんでいる場を試したり，自己ができそうな場に挑戦したりして，楽しく遊ぶことができる自己に適した遊び方を見付けるようにするなどの配慮をする。

	○友達のよい動きを見付けたり，考えたりしたこと伝える。	● 見付けたり考えたりしたことを伝えていることを取り上げて，称賛する。

5 分	7　本時を振り返り，次時への見通しをもつ	

本時の振り返り
・低い障害物を用いたかけっこやリレー遊びで選んだ遊び方を，発表したり書いたりしましょう。
・低い障害物を用いたかけっこやリレー遊びをして楽しかったことを，発表したり書いたりしましょう。

	○振り返りを発表して，友達に伝える。	● 振り返りを発表したり学習カードに記入したりするように伝えるとともに，気付きや考えのよさを取り上げて，称賛する。
	8　整理運動，場や用具の片付けをする	● 適切な整理運動を行うように，実際に動いて示しながら伝えるとともに，けががないかなどを確認する。
	9　集合，健康観察，挨拶をする

本時の目標と展開④（7／7時間）

本時の目標

(1) 距離や方向を決めて走ったり，折り返しリレー遊びをしたり，低い障害物を用いてのリレー遊びをしたりして遊ぶことができるようにする。

(2) 簡単な遊び方を選ぶことができるようにする。

(3) 走の運動遊びに進んで取り組むことができるようにする。

本時の展開

時間	学習内容・活動	指導上の留意点
10分	1　**集合，挨拶，健康観察をする** 2　**本時のねらいを知り，めあてを立てる**	
	走の運動遊び大会をしてみんなで楽しく遊んで，学習のまとめをしよう	
	○本時のねらいを知り,自己のめあてを立てる。	●学習カードを配り，立てためあてを記入するように伝える。
	3　**場や用具の準備をする** ○みんなで協力して，準備をする。	●安全な準備の仕方を確認する。
	4　**準備運動，主運動につながる運動遊びをする** ○みんなで準備運動，主運動につながる運動遊びをする。	●けがの防止のために，適切な準備運動を行うように，実際に動いて示しながら伝える。
10分	5　**走の運動遊び大会をする** ○走の運動遊び大会の行い方を知る。	●走の運動遊び大会の行い方を説明する。
	走の運動遊び大会の行い方やきまりの例 ・チームで楽しく遊んだいろいろな形状の線の場やいろいろな障害物を並べた場を紹介しましょう。 ・他のチームが工夫した場に遊びに行って，いろいろな場でリレーをしましょう。 ・競走をして遊びたいときは，相手のチームを見付けて競走の仕方を相談しましょう。 	
	○チームで遊び方を選んで，折り返しリレー遊びの場の準備をする。 ○他のチームに選んだ場を紹介したり，他のチームが選んだ場で遊んだりする。 ○相手チームを決めて，競走をして遊ぶ。	●進んで取り組む様子を取り上げて，称賛する。 **◆学習評価◆　主体的に学習に取り組む態度** **①走の運動遊びに進んで取り組もうとしている。** ➡　かけっこや低い障害物を用いての折り返しリレー遊びで楽しく遊んだり競走をしたり友達と遊び方を工夫したりすることなどに進んで取り組もうとしている姿を評価する。（観察・学習カード）
15分	○チームで障害物や並べ方を選んで，低い障害物を用いてのリレー遊びの場の準備をする。 ○他のチームに選んだ場を紹介したり，他のチームが選んだ場で遊んだりする。 ○相手チームを決めて，競走をして遊ぶ。	**◆学習評価◆　知識・技能** **②距離や方向を決めて走ったり，折り返しリレー遊びをしたり，低い障害物を用いてのリレー遊びをしたりして遊ぶことができる。** ➡　いろいろな形状の線上を走ったり，いろいろな間隔に並べた低い障害物を走り越えたり，バトンの受渡しをしてリレー遊びをしたりしている姿を評価する。（観察）
10分	6　**単元を振り返り，学習のまとめをする**	
	単元の振り返り ・単元の学習で楽しかったことやできるようになったことを，発表したり書いたりしましょう。 ・学習したことで今後も取り組んでいきたいことを，発表したり書いたりしましょう。 	
	○振り返りを発表して，友達に伝える。	●振り返りを発表したり学習カードに記入したりするように伝えるとともに，気付きや考えのよさを取り上げて，称賛する。
	7　**整理運動，場や用具の片付けをする**	●適切な整理運動を行うように，実際に動いて示しながら伝えるとともに，けががないかなどを確認する。
	8　**集合，健康観察，挨拶をする**	

2学年間にわたって取り扱う場合

【第1学年における指導と評価の計画（例）】

時間		1	2	3	4	5	6	7
ねらい		学習の見通しをもつ	かけっこの行い方を知り，簡単な遊び方を工夫して，みんなで楽しく遊ぶ。			リレー遊びの行い方を知り，簡単な遊び方を工夫して，みんなで楽しく遊ぶ		学習のまとめをする
学習活動		**オリエンテーション** **○学習の見通しをもつ** ・学習の進め方 ・学習のきまり **○かけっこ** 鬼遊びをしたり追いかけっこをしたりする	**かけっこ** **○かけっこで，いろいろな方向に走ったり，場を選んで走ったりして遊ぶ** ・目標に向かって走るかけっこ 遊具など目標を決めて，そこまで走ってタッチをしたり，逃げる教師など真っ直ぐでなく方向が変わるものを追いかけてタッチをしたりして遊ぶ ・いろいろな形状の線上などでのかけっこ 曲線やジグザグの線上や低い障害物を走り越える走る場などから，自己に適した場を選んで走って遊ぶ			**リレー遊び** **○リレー遊びで，手の平にタッチをして走ったり，場を選んで競走をしたりして遊ぶ** ・四人で走順を決めていろいろな場でリレー遊びをする ・相手チームを決め，いろいろな場からチームに適した場を選んで，折り返しリレー遊びで競走をして遊ぶ		**学習のまとめ** **○リレー遊び** いろいろなレーンで折り返しリレー遊びをする **○学習のまとめをする**
評価の重点	知識・技能				① 観察・学習カード		② 観察	
	思考・判断・表現			① 観察・学習カード		② 観察・学習カード		
	主体的に学習に取り組む態度	⑤ 観察・学習カード	② 観察・学習カード					① 観察・学習カード

【幼児期の運動遊びとの円滑な接続を図るための工夫（例）】

● **「いろいろな方向に走ったり，低い障害物を走り越えたりする」ために**

幼児期の運動遊びの経験や発達の段階により，低学年の児童は，友達と追いかけっこをしたりかけっこで競走したりして遊ぶことを楽しみます。その一方で，真っ直ぐ走ることや力いっぱい走ることが苦手な児童がいる場合もあります。

そのため低学年のはじめでは，かけっこは，歩くことと走ることを切り替えて，自己が決めた目標に向かって真っ直ぐ走ったり，教師や友達を追いかけて走ったり，いろいろな形状の線上や低い障害物を並べた場で競走をしたりするなどの活動をして，短い距離を力いっぱい楽しく走ることができるようにしましょう。

（例）いろいろな形状の線上でのかけっこ
- 長なわなどを活用して，児童からのアイデアを引き出しながら，いろいろな形状の線の場をつくる。
- 途中にフープや段ボールなど低い障害物を入れるなど，児童が作った楽しい場で繰り返し走って楽しむ。

● **「リレー遊びで相手の手の平にタッチをして走る」ために**

幼児期の運動遊びで，児童はリレー遊びをしたことはあっても，バトンの受渡しをした経験があるとは限りません。

そのため低学年のはじめは，手の平にタッチをするリレー遊びをするようにして，バトンの受渡しよりも自己が走る順番を守り，しっかりとタッチをして楽しくリレー遊びができるようにしましょう。

（例）四角リレー遊び（いろいろな場でのリレーの例）
- 四人のチームで，1辺が10m程度の正方形の場の各角に一人ずつ立つ。走順がはじめの児童から線に沿って走り，次の角で友達にタッチをするリレー遊びで，四人で反時計回りに正方形の場を1周する。タッチをする友達が後ろからではなく走る方向に対して左真横から走ってくるため，友達が走っている様子を見ながら，走り出す準備ができる。
- 同じ正方形の場を近くに作って別のチームと競走をしたり，長方形の場にして走る距離を選んだりして簡単な遊び方を工夫する。

【第1学年において重点を置いて指導する内容（例）】

● **知識及び技能**

かけっこでは，いろいろな形状の線上を走ることで，真っ直ぐ走ったり蛇行して走ったりすることができるようにしましょう。リレー遊びでは，自己の走順になったら友達からタッチを受けて走ることができるようにしましょう。

● **思考力，判断力，表現力等**

かけっこやリレー遊びで，いろいろな形状の線上や低い障害物を並べた場などから，楽しく遊ぶことができる場を選んで遊ぶことができるようにしましょう。

● **学びに向かう力，人間性等**

運動遊びをする際に，順番やきまりを守り，誰とでも仲よくしたり，競走で勝っても負けても結果を受け入れたりすることができるようにしましょう。また，走る場所に危険物がないか，友達とぶつからない十分な間隔があるかなど場の安全に気を付けることができるようにしましょう。

C
走・跳の運動遊び

跳の運動遊び

跳の運動遊びは，助走を付けて片足で踏み切り，前方や上方に跳んだり，片足や両足で連続して跳んだりする楽しさに触れることができる運動遊びです。本単元例は，単元前半は前方に跳ぶケンパー跳び遊びや幅跳び遊びをして遊ぶ時間，単元後半は上方に跳ぶゴム跳び遊びをして遊ぶ時間を設定することで，それぞれの運動遊びの行い方を知りながら，前方への跳び方と上方への跳び方を身に付けて楽しく遊ぶことができる授業を展開するようにしています。

単元の目標

(1) 跳の運動遊びの行い方を知るとともに，前方や上方に跳んだり，連続して跳んだりして遊ぶことができるようにする。
(2) 簡単な遊び方を工夫するとともに，考えたことを友達に伝えることができるようにする。
(3) 跳の運動遊びに進んで取り組み，順番やきまりを守り誰とでも仲よく運動をしたり，勝敗を受け入れたり，場や用具の安全に気を付けたりすることができるようにする。

指導と評価の計画（7時間）

時　間		1	2	3
ねらい		学習の見通しをもつ	ケンパー跳び遊びや幅跳び遊びの行い方を知り，簡単な遊び方を工夫してみんなで楽しく遊ぶ	
学習活動		オリエンテーション 1　集合，挨拶，健康観察をする 2　単元の学習の見通しをもつ ○単元の目標と学習の進め方を知る。 ○学習のきまりを知る。 3　本時のねらいを知り，めあてを立てる 4　場や用具の準備をする ○場や用具の準備と片付けの仕方を知る。 5　準備運動，主運動につながる運動をする ○準備運動，主運動につながる運動の行い方を知る。 6　ケンパー跳び遊びをする ○ケンパー跳び遊びの行い方を知る。 ○グループで，いろいろな形状の場でケンパー跳び遊びをして遊ぶ。	1　集合，挨拶，健康観察をする　2　本時のねらい 4　準備運動，主運動につながる運動をする 5　ケンパー跳び遊びをする ○ケンパー跳び遊びの簡単な遊び方を知る。 ○いろいろな場の中から，自己に適した場を選んだり，友達と遊び方を選んだりして遊ぶ。 ○友達のよい動きを見付けたり，考えたりしたことを友達に伝える。 6　幅跳び遊びをする ○幅跳び遊びの行い方を知る。 ○幅跳び遊びの簡単な遊び方を知る。 ○いろいろな場の中から，自己に適した場を選んで遊ぶ。 ○友達のよい動きを見付けたり，考えたりしたことを友達に伝える。	
		7　本時を振り返り，次時への見通しをもつ　8　整理運動，場や用具の片付けをする		
評価の重点	知識・技能			
	思考・判断・表現			① 観察・学習カード
	主体的に学習に取り組む態度	⑤ 観察・学習カード	② 観察・学習カード	④ 観察・学習カード

単元の評価規準

知識・技能	思考・判断・表現	主体的に学習に取り組む態度
①跳の運動遊びの行い方について，言ったり実際に動いたりしている。 ②助走を付けて片足で踏み切り，前方や上方に跳んだり，片足や両足で連続して跳んだりして遊ぶことができる。	①簡単な遊び方を選んでいる。 ②友達のよい動きを見付けたり，考えたりしたことを友達に伝えている。	①跳の運動遊びに進んで取り組もうとしている。 ②順番やきまりを守り，誰とでも仲よくしようとしている。 ③勝敗を受け入れようとしている。 ④用具の準備や片付けを友達と一緒にしようとしている。 ⑤場の安全に気を付けている。

4	5	6	7
ゴム跳び遊びや連続したゴム跳び遊びの行い方を知り， 簡単な遊び方を工夫してみんなで楽しく遊ぶ			学習のまとめをする
を知り，めあてを立てる　3　場や用具の準備をする			
5　ゴム跳び遊びをする ○ゴム跳び遊びの行い方を知る。 ○ゴム跳び遊びの簡単な遊び方を知る。 ○簡単な遊び方の中から，自己に適した遊び方を選んで遊ぶ。 ○友達のよい動きを見付けたり，考えたりしたことを友達に伝える。			学習のまとめ **5　跳の運動遊びランドで遊ぶ** ○グループで場や遊び方を工夫して，跳の運動遊びをして遊ぶ。 ○他のグループに選んだ場や遊び方を紹介したり，他のグループが選んだ場や遊び方で遊んだりする。 **6　単元を振り返り，学習のまとめをする** **7　整理運動，場や用具の片付けをする** **8　集合，健康観察，挨拶をする**
6　連続したゴム跳び遊びをする ○連続したゴム跳び遊びの行い方を知る。 ○連続したゴム跳び遊びの簡単な遊び方を知る。 ○簡単な遊び方の中から，自己に適した遊び方を選んで遊ぶ。 ○友達のよい動きを見付けたり，考えたりしたことを友達に伝える。			
9　集合，健康観察，挨拶をする			
① 観察・学習カード			② 観察
	② 観察・学習カード		
③ 観察・学習カード		① 観察・学習カード	

本時の目標と展開①（1／7時間）

本時の目標

(1) 跳の運動遊びの行い方を知ることができるようにする。
(2) 簡単な遊び方を選ぶことができるようにする。
(3) 場の安全に気を付けることができるようにする。

本時の展開

時 間	学習内容・活動	指導上の留意点
5分	1 **集合，挨拶，健康観察をする** 2 **単元の学習の見通しをもつ** ○単元の目標と学習の進め方を知る。 ○学習をするグループを確認する。 ○学習のきまりを知る。	●掲示物を活用するなどしながら，分かりやすく説明する。 ●学習をするグループを事前に決めておく。
	学習のきまりの例 ・用具は正しく使いましょう。 ・安全に気を付けて遊びましょう。 ・競争の勝敗を受け入れましょう。 ・友達と仲よく遊びましょう。 	
	3 **本時のねらいを知り，めあてを立てる** **跳の運動遊びの学習の進め方を知り，学習の見通しをもとう** ○本時のねらいを知り，自己の目標を立てる。	●学習カードを配り，使い方を説明する。
20分	4 **場や用具の準備をする** ○場や用具の準備と片付けの仕方を知る。 ○みんなで協力して，準備をする。	●安全な準備と片付けの仕方を説明する。 ●安全に気を付けている様子を取り上げて，称賛する。
	場や用具の準備の仕方の例 ・遊ぶ場所に危険物がないか気を付けて，見付けたら先生に知らせましょう。 ・遊びに使う用具は，決まった場所から使うものだけを取り，使い終わったら片付けましょう。 ・チームで使う用具の準備や片付けは，チームの友達と一緒にしましょう。 	
	5 **準備運動，主運動につながる運動遊びをする** ○準備運動，主運動につながる運動遊びの行い方を知る。 ○みんなで準備運動，主運動につながる運動遊びをする。	●けがの防止のために適切な準備運動について，実際に動いて示しながら説明する。
	準備運動の例 ○徒手での運動 … 肩，腕，手首，腿，膝，ふくらはぎ，足首などをほぐす運動をする。 **主運動につながる運動遊びの例** ○足じゃんけん  ・友達と声を合わせてその場で弾みながら足でじゃんけんをする。 「じゃん」 「けん」 「ぽん」 (両足跳び) (両足跳び) (足じゃんけん) ○じゃんけんの結果で進む遊び  ・じゃんけんの結果で進める歩数の規則を決めて，二人でじゃんけんをする。 ・じゃんけんの結果に応じて，大股で連続して跳んで進む。 ・ゴールの場所を決めて，どちらが先に到着できるかを楽しむ。	

15分

6　ケンパー跳び遊びをする

○ケンパー跳び遊びの行い方を知る。

○グループで，いろいろな場でケンパー跳び遊びをして遊ぶ。

● ケンパー跳び遊びの行い方について，場を示したり，実際に動いて示したりしながら説明する。

ケンパー跳び遊びの行い方の例

本時の振り返り

・横に並んだ２つの輪は，足を開いて両足で着地します。

・１つの輪は片足で着地するか，足を閉じて両足で着地します。

○１つの輪と２つの輪が真っ直ぐ並んだ場

・ケン・パーやグー・パーで続けてリズムよく跳んで遊ぶ。

○１つの輪が左右にずれながら並んだ場

・ケン・ケンやグー・グー，ケン・グーなどで左右の斜め前に向かって続けて跳んで遊ぶ。

○途中に輪が離れた場所がある場

・離れた場所の前の場では，強く踏み切って，次の輪に着地できるように跳んで遊ぶ。

◎ケンパー跳び遊びが苦手な児童への配慮の例

➡ 「ケン」と「グー」と「パー」が分かりやすいように目印をレーン上に設定し，足を置く順番やリズムが分かるようにするなどの配慮をする。

● 安全に気を付けている様子を取り上げて，称賛する。

◆学習評価◆　主体的に学習に取り組む態度
⑤場の安全に気を付けている。

➡　場に危険物がないか，友達とぶつからない十分な間隔があるかなど，遊ぶときに安全に気を付けている。（観察・学習カード）

◎安全に気を付けることに意欲的でない児童への配慮の例

➡ 「走る前は急がず周りや走る場をよく見ましょう」などの声をかけたり，友達と一緒に安全に気を付けて安全であることを伝え合ったりするなどの配慮をする。

○友達のよい動きを見付けたり，考えたりしたことを伝える。

● 見付けたり考えたりしたことを伝えていることを取り上げて，称賛する。

5分

7　本時を振り返り，次時への見通しをもつ

本時の振り返り

・いろいろな場でケンパー跳び遊びをして楽しかったことを，発表したり書いたりしましょう。
・安全のために気を付けたことを，発表したり書いたりしましょう。
・単元の学習で楽しみたいことやできるようになりたいことを，発表したり書いたりしましょう。

○振り返りを発表して，友達に伝える。

● 振り返りを発表したり学習カードに記入したりするように伝えるとともに，気付きや考えのよさを取り上げて，称賛する。

8　整理運動，場や用具の片付けをする

● 整理運動の行い方について，実際に動いて示しながら説明するとともに，けががないかなどを確認する。

9　集合，健康観察，挨拶をする

本時の目標と展開②（3／7時間）

本時の目標

(1) 跳の運動遊びの行い方を知ることができるようにする。
(2) 簡単な遊び方を選ぶことができるようにする。
(3) 用具の準備や片付けを，友達と一緒にすることができるようにする。

本時の展開

時 間	学習内容・活動	指導上の留意点
10 分	1　**集合，挨拶，健康観察をする** 2　**本時のねらいを知り，めあてを立てる**	
	ケンパー跳び遊びや幅跳び遊びの行い方を知り，簡単な遊び方を工夫して，みんなで楽しく遊ぼう	
	○本時のねらいを知り，自己のめあてを立てる。	● 学習カードを配り，立てためあてを記入するように伝える。
	3　**場や用具の準備をする** ○みんなで協力して，準備をする。	● 用具の準備を友達と一緒にしようとしている様子を取り上げて，称賛する。 **◆学習評価◆　主体的に学習に取り組む態度** **④用具等の準備や片付けを，友達と一緒にしようとしている。** ➡　準備や片付けの際に，用具を運んだり，配置したりすることを友達と一緒にしようとしている姿を評価する。（観察・学習カード） **◎準備や片付けを友達と一緒にすることに意欲的でない児童への配慮の例** ➡　教師や同じグループの児童が活動に誘う声をかけたり，友達を見て真似をしながら一緒の活動をするように促したりするなどの配慮をする。
	4　**準備運動，主運動につながる運動遊びをする** ○みんなで準備運動，主運動につながる運動遊びをする。	● けがの防止のために適切な準備運動を行うように，実際に動いて示しながら伝える。
15 分	5　**ケンパー跳び遊びをする** ○ケンパー跳び遊びの簡単な遊び方を知る。 ○いろいろな場の中から自己に適した場を選んだり，友達と遊び方を選んだりして遊ぶ。	● ケンパー跳び遊びの簡単な遊び方について，場を示したり，実際に動いて示したりしながら説明する。 ● 楽しくできる遊び方を選んでいることを取り上げて，称賛する。
	ケンパー跳び遊びの簡単な遊び方の例 ○並べ方を選んで，グループで遊ぶ場をつくる  ・跳んで遊んだ場の楽しい並べ方を選んで，それらを合わせてグループで楽しく遊べる場をつくる。	○じゃんけん遊びをする  ・２グループで長い場をつくり，両端から一人ずつ跳んで出会った場所でじゃんけんをする。（勝ったら進める）
	○友達のよい動きを見付けたり，考えたりしたことを伝える。	● 見付けたり考えたりしたことを伝えていることを取り上げて，称賛する。

6　動きを身に付けるための練習をする 　　○幅跳び遊びの行い方を知る。 　　○いろいろな場で幅跳び遊びをして遊ぶ。	●幅跳び遊びの行い方について，場を示したり，実際に動いて示したりしながら説明する。

幅跳び遊びの行い方の例
○川跳び遊び

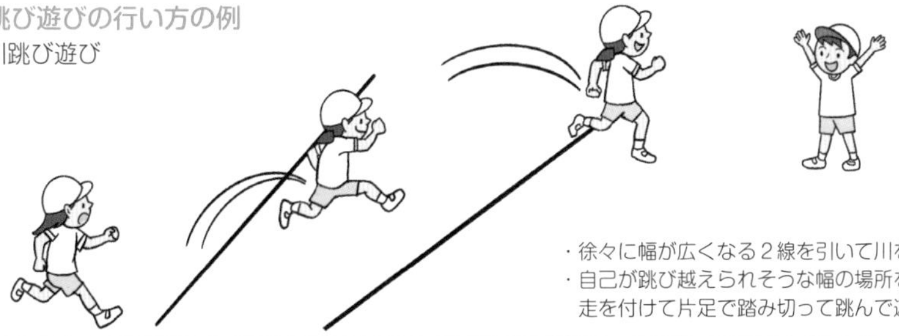

・徐々に幅が広くなる2線を引いて川をつくる。
・自己が跳び越えられそうな幅の場所を選び，助走を付けて片足で踏み切って跳んで遊ぶ。

・どちらの足で踏み切ると跳びやすいかを見付けましょう。
・踏み切った足と反対の足や両足で着地をしましょう。
・跳び終わったら，跳ぶ側に歩いて戻りましょう。（反対側から跳んではいけません）

	○幅跳び遊びの簡単な遊び方を知る。	●幅跳び遊びの簡単な遊び方について，場を示したり，実際に動いて示したりしながら説明する。

幅跳び遊びの簡単な遊び方の例
○くねくねした川で遊ぶ　　　　　　　　　　○とび石のある川で遊ぶ

・楽しく跳べる場所を見付けて跳んで遊ぶ。　　・とび石の場所で続けて跳んで，幅の広い川を跳び越えて遊ぶ。

15 分	○いろいろな場の中から，自己に適した場を選んで遊ぶ。	●楽しくできる遊び方を選んでいることを取り上げて，称賛する。

◆学習評価◆　思考・判断・表現
①簡単な遊び方を選んでいる。

➡　自己に適した場や，楽しく跳び越すことができる遊び方を選んでいる姿を評価する。（観察・学習カード）

◎簡単な遊び方を選ぶことが苦手な児童への配慮の例

➡　友達が楽しんでいる場を試したり，自己ができそうな場に挑戦したりして，楽しく遊ぶことができる自己に適した遊び方を見付けるようにするなどの配慮をする。

	○友達のよい動きを見付けたり，考えたりしたことを伝える。	●見付けたり考えたりしたことを伝えていることを取り上げて，称賛する。
5 分	7　本時を振り返り，次時への見通しをもつ	

本時の振り返り
・ケンパー跳び遊びや幅跳び遊びで選んだ遊び方を，発表したり書いたりしましょう。
・ケンパー跳び遊びや幅跳び遊びをして楽しかったことを，発表したり書いたりしましょう。
・友達と一緒に準備をするときに気付いたことを，発表したり書いたりしましょう。

	○振り返りを発表して，友達に伝える。	●振り返りを発表したり学習カードに記入したりするように伝えるとともに，気付きや考えのよさを取り上げて，称賛する。
	8　整理運動，場や用具の片付けをする	●適切な整理運動を行うように，実際に動いて示しながら伝えるとともに，けががないかなどを確認する。
	9　集合，健康観察，挨拶をする

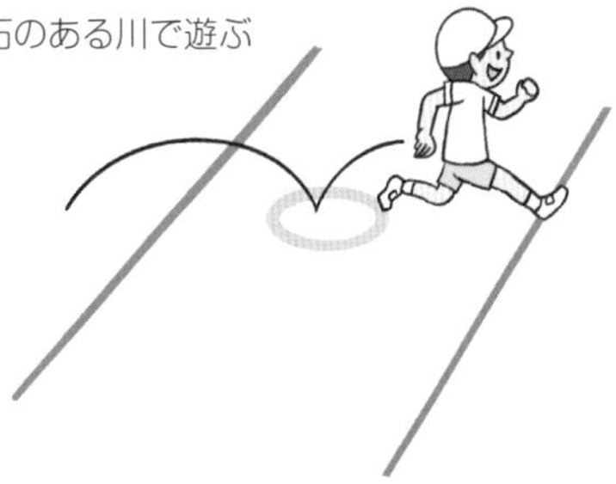

本時の目標と展開③（5／7時間）

本時の目標

(1) 助走を付けて片足で踏み切り，前方や上方に跳んだり，片足や両足で連続して跳んだりして遊ぶことができるようにする。
(2) 友達のよい動きを見付けたり，考えたりしたことを友達に伝えることができるようにする。
(3) 跳の運動遊びに進んで取り組むことができるようにする。

本時の展開

時 間	学習内容・活動	指導上の留意点
10 分	1　**集合，挨拶，健康観察をする** 2　**本時のねらいを知り，めあてを立てる**	
	ゴム跳び遊びの行い方を知り，簡単な遊び方を工夫して，みんなで楽しく遊ぼう	
	○本時のねらいを知り,自己のめあてを立てる。	●学習カードを配り，立てためあてを記入するように伝える。
	3　**場や用具の準備をする** ○みんなで協力して，準備をする。	●安全な準備の仕方を確認する。
	4　**準備運動,主運動につながる運動遊びをする** ○みんなで準備運動，主運動につながる運動遊びをする。	●けがの防止のために，適切な準備運動の行い方について，実際に動いて示しながら確認する。
15 分	5　**ゴム跳び遊びをする** ○ゴム跳び遊びの行い方を知る。 ○グループで役割を交代しながら，ゴム跳び遊びをして遊ぶ。	●ゴム跳び遊びの行い方について，場を示したり，実際に動いて示したりしながら説明する。
	ゴム跳び遊びの行い方の例 ○ゴムを持つ人，跳ぶ人が交代しながら遊ぶゴム跳び遊び   ・助走を付けて，片足で踏み切って跳んで遊ぶ。 ・踏み切った足と反対の足や両足でしっかりと着地をする。 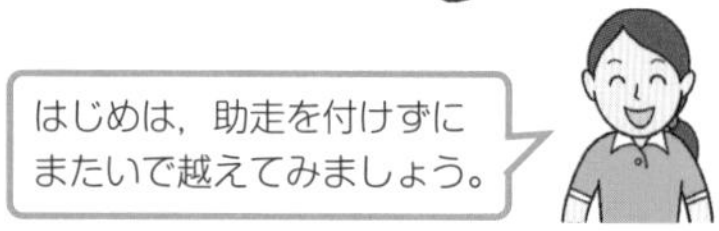	
	○ゴム跳び遊びの簡単な遊び方を知る。 ○簡単な遊び方の中から，自己に適した遊び方を選んで遊ぶ。	●ゴム跳び遊びの簡単な遊び方について，場を示したり，実際に動いて示したりしながら説明する。
	ゴム跳び遊びの簡単な遊び方の例 ○ゴムの高さを選んで挑戦して遊ぶ  ・ゴムを持つ人のすねの高さ，膝の高さ，腿の高さ，腰の高さなど，跳ぶ人が高さを選んで跳んで遊ぶ。	○跳びやすいようにゴムの持ち方を工夫して遊ぶ  ・いつも体が当たってしまうほうのゴムの高さを低くして，跳んで遊ぶ。
	○友達のよい動きを見付けたり，考えたりしたことを伝える。	●見付けたり考えたりしたことを伝えていることを取り上げて，称賛する。

時間		
	6　連続したゴム跳び遊びをする ○連続したゴム跳び遊びの行い方を知る。 ○グループで役割を交代しながら，連続したゴム跳び遊びをして遊ぶ。	●連続したゴム跳び遊びの行い方について，場を示したり，実際に動いて示したりしながら説明する。
	連続したゴム跳び遊びの行い方の例 ○ゴムを持つ人，跳ぶ人が交代しながら遊ぶ連続したゴム跳び遊び ・助走は付けずに，片足や両足で連続して跳んで遊ぶ。 ・自己に適した高さ，ゴムの間隔にして楽しく跳ぶことができるようにする。	
	○連続したゴム跳び遊びの簡単な遊び方を知る。 ○簡単な遊び方の中から，自己に適した遊び方を選んで遊ぶ。	●連続したゴム跳び遊びの簡単な遊び方について，場を示したり，実際に動いて示したりしながら説明する。
15分	**連続したゴム跳び遊びの簡単な遊び方の例** ○いろいろな高さのゴムを連続して跳んで遊ぶ　　○ゴムの並べ方を工夫して遊ぶ ・楽しく跳ぶことができる高さにして遊ぶ。　　　・楽しく跳ぶことができる並べ方にして遊ぶ。	
	○友達のよい動きを見付けたり，考えたりしたこと伝える。	●見付けたり考えたりしたことを伝えていることを取り上げて，称賛する。 ◆**学習評価**◆　思考・判断・表現 ①友達のよい動きを見付けたり，考えたりしたことを友達に伝えている。 ➡　一緒に運動遊びをしている友達のよい動きを見付けたり，運動遊びをして考えたりしたことを友達に伝えている姿を評価する。（観察・学習カード） ◎見付けたり考えたりしたことを伝えることが苦手な児童への配慮の例 ➡　個別に関わり，見付けたり考えたりしたことを聞き取って友達に伝えることを支援したり，友達と二人で伝え合う場面を設けたりするなどの配慮をする。
5分	**7　本時を振り返り，次時への見通しをもつ** **本時の振り返り** ・ゴム跳び遊びや連続したゴム跳び遊びで選んだ遊び方を，発表したり書いたりしましょう。 ・ゴム跳び遊びや連続したゴム跳び遊びをして楽しかったことを，発表したり書いたりしましょう。	
	○振り返りを発表して，友達に伝える。	●振り返りを発表したり学習カードに記入したりするように伝えるとともに，気付きや考えのよさを取り上げて，称賛する。
	8　整理運動，場や用具の片付けをする	●けががないかなどを確認する整理運動の行い方について，実際に動いて示しながら確認する。
	9　集合，健康観察，挨拶をする

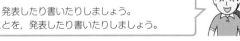

本時の目標と展開④（7／7時間）

本時の目標

(1) 助走を付けて片足で踏み切り，前方や上方に跳んだり，片足や両足で連続して跳んだりして遊ぶことができるようにする。
(2) 友達のよい動きを見付けたり，考えたりしたことを友達に伝えることができるようにする。
(3) 跳の運動遊びに進んで取り組むことができるようにする。

本時の展開

時 間	学習内容・活動	指導上の留意点
10 分	1　集合，挨拶，健康観察をする 2　本時のねらいを知り，目標を立てる	
	跳の運動遊びランドでみんなで楽しく遊んで，学習のまとめをしよう	
	○本時のねらいを知り，自己のめあてを立てる。	●学習カードを配り，立てためあてを記入するように伝える。
	3　場や用具の準備をする ○みんなで協力して，準備をする。	●安全な準備の仕方を確認する。
	4　準備運動，主運動につながる運動遊びをする ○みんなで準備運動，主運動につながる運動遊びをする。	●けがの防止のために，適切な準備運動の行い方について，実際に動いて示しながら確認する。
15 分	5　跳の運動遊びランドで遊ぶ ○跳の運動遊びランドでの遊び方を知る。	●跳の運動遊びランドでの遊び方を説明する。
	跳の運動遊びランドの遊び方やきまりの例 ・はじめは，ケンパー跳び遊びと幅跳び遊びをします。グループで場を工夫して遊びましょう。 ・その次は，ゴム跳び遊びをして遊びます。グループでゴムの高さや数を工夫して遊びましょう。 ・工夫した遊び方を他のグループに紹介して，みんなで楽しく遊びましょう。	
	○グループで場を工夫して，ケンパー跳び遊びや幅跳び遊びをする。	●進んで取り組もうとしている様子を取り上げて，称賛する。
	○他のグループに選んだ場を紹介したり，他のグループが選んだ場で遊んだりする。	●誰とでも仲よくしようとしている様子を取り上げて，称賛する。
10 分	○グループで遊び方を工夫して，ゴム跳び遊びや連続したゴム跳び遊びをする。 ○他のグループに選んだ遊び方を紹介したり，他のグループが選んだ遊び方で遊んだりする。	●行い方のポイントを押さえた動きを取り上げて，称賛する。 **◆学習評価◆　知識・技能** **②助走を付けて片足で踏み切り，前方や上方に跳んだり，片足や両足で連続して跳んだりして遊ぶことができる。** ➡　幅跳び遊びやゴム跳び遊びで，助走を付けて片足でしっかりと地面を蹴って前方や上方に跳んだり，ケンパー跳び遊びや連続したゴム跳び遊びで，片足や両足で連続して前方や上方に跳んだりしている姿を評価する。（観察）
10 分	6　単元を振り返り，学習のまとめをする	
	単元の学習の振り返り ・単元の学習で楽しかったことやできるようになったことを，発表したり書いたりしましょう。 ・学習したことで今後も取り組んでいきたいことを，発表したり書いたりしましょう。	
	○振り返りを発表して，友達に伝える。	●振り返りを発表したり学習カードに記入したりするように伝えるとともに，気付きや考えのよさを取り上げて，称賛する。
	7　整理運動，場や用具の片付けをする 8　集合，健康観察，挨拶をする	●けががないかなどを確認する整理運動の行い方について，実際に動いて示しながら確認する。

2学年間にわたって取り扱う場合

【第1学年における指導と評価の計画（例）】

時間		1	2	3	4	5	6	7
ねらい		学習の見通しをもつ	ケンパー遊びや幅跳び遊びの行い方を知り，簡単な遊び方を工夫してみんなで楽しく遊ぶ			ゴム跳び遊びや連続したゴム跳び遊びの行い方を知り，簡単な遊び方を工夫してみんなで楽しく遊ぶ		学習のまとめをする
学習活動		**オリエンテーション** ○**学習の見通しをもつ** ・学習の進め方 ・学習のきまり ○**ケンパー跳び遊びをする** 易しい場でケンパー跳び遊びをして遊ぶ	**ケンパー跳び遊び** **幅跳び遊び** ○**易しい場でのケンパー跳び遊び** 易しいリズムで跳ぶことができる場で，連続して跳んで進むケンパー跳び遊びをして遊ぶ チームでいろいろなリズムのレーンをつくって走ったり，他のチームが作ったレーンを走ったりする ○**輪から輪への幅跳び遊び** いろいろな幅で置いた２つの輪のうち，自己が楽しく遊ぶことができる場を選んで，輪から輪へ助走を付けて跳んで遊ぶ			**ゴム跳び遊び** **連続したゴム跳び遊び** ○**易しい場でのゴム跳び遊び** 膝程度までのゴムを，その場跳んだり，短い助走を付けて跳んだりして遊ぶ ○**２本続けて跳ぶゴム跳び遊び** 膝程度までのゴムを，２本続けて設置し，その場で跳んだり，短い助走を付けて跳んだりして遊ぶ		**学習のまとめ** ○**跳の運動遊びランドで遊ぶ** いろいろな場で跳の運動遊びをして遊ぶ ○**学習のまとめをする**
評価の重点	知識・技能					① 観察・学習カード		② 観察
	思考・判断・表現				① 観察・学習カード			
	主体的に学習に取り組む態度	⑤ 観察・学習カード	② 観察・学習カード	③ 観察・学習カード			① 観察・学習カード	

【幼児期の運動遊びとの円滑な接続を図るための工夫（例）】

● **「前方や上方に跳んだり，連続して跳んだりする」ために**

幼児期の運動遊びの経験や発達の段階により，低学年の児童は，跳び越えたい幅を見付け短い助走を付けて片足で踏み切って跳び越えたり，並べられた輪等を片足や両足で連続して跳んで進んだりして遊ぶことを楽しみます。その一方で，助走から踏み切る前に止まってしまったり，連続して跳んで進む際にその都度止まってしまったりする児童がいる場合があります。

そのため低学年のはじめは，数歩の短い助走で幅跳び遊びをしたり，易しい場でケンパー遊びをしたりして，助走から踏み切ることや連続して跳ぶことが調子よくできるようにしましょう。

また，上方に跳んで遊んだ経験が少ない児童がいる場合がありますので，幅跳び遊びやケンパー遊びで跳んで遊ぶ楽しさに十分に触れた後，易しい高さのゴムを跳び越えるゴム跳び遊びをして遊ぶようにしましょう。

（例）易しい場でのケンパー遊び
・易しいリズムで跳ぶことができるように輪を並べた場を作り，連続して跳んで進むことを楽しむ。
・並べた輪のうち，最後の輪だけ少し離した場を作り，連続して跳んで進んできた最後に力一杯大きく跳ぶ。

（例）輪から輪へ跳ぶ幅跳び遊び
・２つの輪を離して置いた場で，短い助走を付けて片方の輪で片足で踏み切り，もう片方の輪に反対の足で着地をする。
・楽しく跳んで遊ぶことができる距離の場を選んだり，自己ができる距離の場を探して挑戦したりして遊ぶ。

（例）易しい場でのゴム跳び遊び
・膝程度までの高さのゴムを，助走を付けずに片足や両足で踏み切って跳んだり，１～２歩程度の助走を付けて片足で跳んだりして，跳び越えて遊ぶ。
・膝程度までの高さのゴムを２本続けて設置し，助走を付けずに続けて跳んだり，１～２歩程度の助走を付けて続けて跳んだりして，跳び越えて遊ぶ。

【第1学年において重点を置いて指導する内容（例）】

● **知識及び技能**

幅跳び遊びでは，短い助走から踏み切って前方に跳ぶこと，ケンパー跳び遊びでは，易しいリズムで跳ぶことができるように並べた輪等を連続して跳ぶことができるようにしましょう。また，ゴム跳び遊びでは膝程度の高さのゴムを短い助走から踏み切って跳び越えたり，連続して跳び越えたりすることができるようにしましょう。

● **思考力，判断力，表現力等**

いろいろな場の中から，自己が楽しく遊ぶことができる場を選んだり，輪やゴムの並べ方を友達と工夫して楽しく遊んだりすることができるようにしましょう。

● **学びに向かう力，人間性等**

運動遊びをする際に，順番やきまりを守り，誰とでも仲よくしようとすることができるようにしましょう。また，跳んだり着地をしたりする場所に危ないものがないか，人がいないかなどの場の安全に気を付けることができるようにしましょう。

C
走・跳の運動遊び

投の運動遊び

投の運動遊びは，ボールなどの用具を片手で持ち，前方に投げる楽しさに触れることができる運動遊びです。本単元例は，いろいろな用具を投げたり自己に適した用具を選んで投げたりする活動を設定することで，投げるときの体の使い方を知り，遠くに向かって投げる動きを身に付けて楽しく遊ぶことができる授業を展開するようにしています。

単元の目標

(1) 投の運動遊びの行い方を知るとともに，前方に投げて遊ぶことができるようにする。
(2) 簡単な遊び方を工夫するとともに，考えたことを友達に伝えることができるようにする。
(3) 投の運動遊びに進んで取り組み，順番やきまりを守り誰とでも仲よく運動をしたり，勝敗を受け入れたり，場や用具の安全に気を付けたりすることができるようにする。

指導と評価の計画（３時間）

時　間		1
ねらい		学習の見通しをもつ
学習活動		オリエンテーション 1　集合，挨拶，健康観察をする 2　単元の学習の見通しをもつ ○単元の目標と学習の進め方を知る。 ○学習のきまりを知る。 3　本時のねらいを知り，めあてを立てる 4　場や用具の準備をする ○場や用具の準備と片付けの仕方を知る。 5　準備運動，主運動につながる運動遊びをする ○準備運動，主運動につながる運動遊びの行い方を知る。 6　投の運動遊びをする。 ○投の運動遊びの行い方を知る。 ○いろいろな用具を投げて遊ぶ。 7　本時を振り返り，次時への見通しをもつ　8　整理運動，場や用具の片付けをする　9　集
評価の重点	知識・技能	① 観察・学習カード
	思考・判断・表現	
	主体的に学習に取り組む態度	② 観察・学習カード

単元の評価規準

知識・技能	思考・判断・表現	主体的に学習に取り組む態度
①投の運動遊びの行い方について，言ったり実際に動いたりしている。 ②ボールなどの用具を片手で持ち，前方に投げて遊ぶことができる。	①簡単な遊び方を選んでいる。 ②友達のよい動きを見付けたり，考えたりしたことを友達に伝えている。	①投の運動遊びに進んで取り組もうとしている。 ②場の安全に気を付けている。

2	3
投の運動遊びの簡単な遊び方を工夫して，みんなで楽しく遊ぶ	学習のまとめをする
1 集合，挨拶，健康観察をする　2 本時のねらいを知り，めあてを立てる　3 場や用具の準備をする	
4 準備運動，主運動につながる運動遊びをする	
5 投の運動遊びをする ○いろいろな用具を遠くに向かって投げて遊ぶ。 ○友達のよい動きを見付けたり，考えたりしたことを友達に伝える。 **6 簡単な遊び方を工夫して投の運動遊びをする** ○投の運動遊びの簡単な遊び方を知る。 ○簡単な遊び方を選んで遊ぶ。 ○友達のよい動きを見付けたり，考えたりしたことを伝える。 **合，健康観察，挨拶をする**	学習のまとめ **5 投の運動遊びをする** ○投の運動遊びの簡単な遊び方を選んで遊ぶ。 ○選んだ遊び方を他のグループに紹介したり，他のグループが選んだ遊び方で遊んだりする。 **6 単元を振り返り，学習のまとめをする** **7 整理運動，場や用具の片付けをする** **8 集合，健康観察，挨拶をする**
	② 観察
① 観察・学習カード	② 観察・学習カード
① 観察・学習カード	

本時の目標と展開①（1／3時間）

本時の目標

(1) 投の運動遊びの行い方を知ることができるようにする。

(2) 簡単な遊び方を選ぶことができるようにする。

(3) 場の安全に気を付けることができるようにする。

本時の展開

時間	学習内容・活動	指導上の留意点
5分	1 **集合，挨拶，健康観察をする** 2 **単元の学習の見通しをもつ** 　○単元の目標と学習の進め方を知る。 　○学習をするグループを確認する。 　○学習のきまりを知る。	● 掲示物を活用するなどしながら，分かりやすく説明する。 ● 学習をするグループを事前に決めておく。

学習のきまりの例
- 用具は正しく使いましょう。
- 順番を守って遊びましょう。
- 安全に気を付けて遊びましょう。
- 友達と仲よく遊びましょう。

	3 **本時のねらいを知り，めあてを立てる**	

> **投の運動遊びの学習の進め方を知り，学習の見通しをもとう**

	○本時のねらいを知り，自己のめあてを立てる。	● 学習カードを配り，使い方を説明する。
15分	4 **場や用具の準備をする** 　○場や用具の準備と片付けの仕方を知る。 　○みんなで協力して，準備をする。	● 安全な準備と片付けの仕方を説明する。 ● 安全に気を付けている様子を取り上げて，称賛する。

場や用具の準備と片付けのきまりの例
- 運動遊びをする場所に危険物がないか気を付けて，見付けたら先生に知らせましょう。
- 運動遊びに使う用具などは，友達と一緒に決まった場所から安全に気を付けて運びましょう。
- 安全に運動遊びができるように，服装などが整っているか，気を付けましょう。

	5 **準備運動，主運動につながる運動遊びをする** 　○準備運動，主運動につながる運動遊びの行い方を知る。 　○みんなで準備運動，主運動につながる運動遊びをする。	● けがの防止のために適切な準備運動の行い方について，実際に動いて示しながら説明する。

準備運動の例
　肩，首，腕，腰，手首，腿，膝，ふくらはぎ，足首などをほぐす運動を行う。

主運動につながる運動遊びの例
○紙鉄砲を鳴らして遊ぶ　　　　　　　　○的当て遊び

大きな音を出して，みんなで楽しく遊びましょう。

・当てたい的を選んで力一杯投げて，的を倒す。

20分

6　投の運動遊びをする

○投の運動遊びの行い方を知る。
○いろいろな用具を投げて遊ぶ。

● 投の運動遊びの行い方について，場を示したり実際に動いて示したりしながら説明する。

投の運動遊びの行い方の例

○かけ声に合わせて投げる動きをする

・横向きに立って両手両足を開く。　・ボールを持っている手の肘を曲げて高く上げる。　・前の足を一歩踏み出す。　・腕を振って前に投げる。

○投げる用具を選び，「ひらいて・パタン・とんで・いけ！」のかけ声に合わせて，前方に投げる。

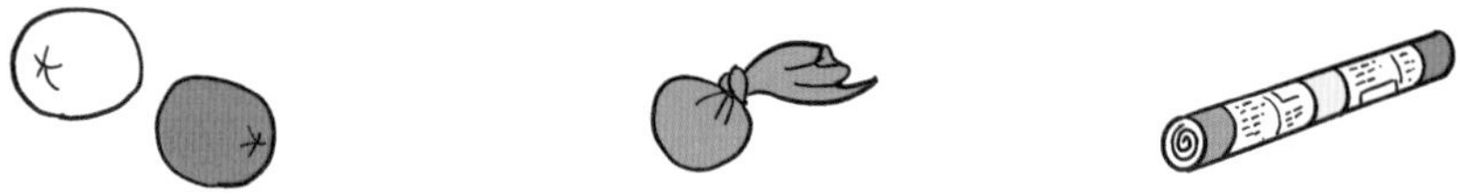

・紅白玉，くつ下ボール
片手で持ちやすく投げやすい。
遠くまで転がらず拾いやすい。

・バンダナボール
紅白玉などを布で包んで結ぶ。
指の間に布の部分を挟んで持つ。

・新聞紙棒
新聞紙を短い長さに丸めた棒。
くるくると回るように投げる。

● 安全に気を付けている様子を取り上げて，称賛する。

◆学習評価◆　主体的に学習に取り組む態度
②場の安全に気を付けている。

➡ 場に危険物がないか，友達とぶつからない十分な間隔があるかなど，遊ぶときに安全に気を付けている姿を評価する。（観察・学習カード）

◎安全に気を付けることに意欲的でない児童への配慮の例

➡ 「投げる前は急がず周りや投げる場をよく見ましょう」などの声をかけたり，友達と一緒に安全に気を付けて安全であることを伝え合ったりするなどの配慮をする。

○友達のよい動きを見付けたり，考えたりしたことを伝える。

● 見付けたり考えたりしたことを伝えていることを取り上げて，称賛する。

5分

7　本時を振り返り，次時への見通しをもつ

本時の振り返り
・投の運動遊びの行い方について知ったことを，発表したり書いたりしましょう。
・安全のために気を付けたことを，発表したり書いたりしましょう。
・単元の学習で楽しみたいことやできるようになりたいことなど，自己のめあてを書きましょう。

○振り返りを発表して，友達に伝える。

● 振り返りを発表したり学習カードに記入したりするように伝えるとともに，気付きや考えのよさを取り上げて，称賛する。

◆学習評価◆　知識・技能
①投の運動遊びの行い方について,言ったり実際に動いたりしている。

➡ ボールなどを片手で前方に投げるといった投の運動遊びの行い方について，発表したり学習カードに記入したりしていることを評価する。（観察・学習カード）

◎投の運動遊びの行い方を知ることが苦手な児童への配慮の例

➡ 個別に関わり，投の運動遊びの行い方のポイントについて対話をしながら確認したり，自己や友達のよい動きを思い起こしたりするなどの配慮をする。

8　整理運動，場や用具の片付けをする

● 整理運動の行い方について，実際に動いて示しながら説明するとともに，けががないかなどを確認する。

9　集合，健康観察，挨拶をする

本時の目標と展開②（2／3時間）

本時の目標

(1) ボールなどの用具を片手で持ち，前方に投げて遊ぶことができるようにする。
(2) 簡単な遊び方を選ぶことができるようにする。
(3) 投の運動遊びに進んで取り組むことができるようにする。

本時の展開

時 間	学習内容・活動	指導上の留意点
10 分	1　集合，挨拶，健康観察をする 2　本時のねらいを知り，めあてを立てる	
	簡単な遊び方を工夫して，投の運動遊びをしてみんなで楽しく遊ぼう	
	○本時のねらいを知り，自己のめあてを立てる。	●学習カードを配り，立てためあてを記入するように伝える。
	3　場や用具の準備をする ○みんなで協力して，準備をする。	●安全な準備の仕方を確認する。
	4　準備運動，主運動につながる運動遊びをする ○みんなで準備運動，主運動につながる運動遊びをする。	●けがの防止のために適切な準備運動を行うように，実際に動いて示しながら伝える。
	主運動につながる運動遊びの例 ○ボールを高くバウンドさせるように投げて遊ぶ 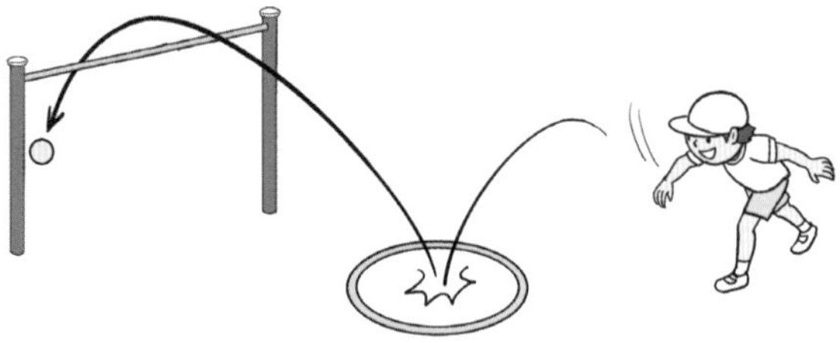 ・地面の輪をねらって思い切り投げてボールを高くバウンドさせて，前の鉄棒の上を越すようにする。 ・鉄棒の高さや輪からの距離を選んで，鉄棒の上を越すように投げて遊ぶ。	
15 分	5　投の運動遊びをする ○いろいろな用具を遠くに向かって投げて遊ぶ。	●各グループが運動遊びをする場を伝える。
	投の運動遊びの行い方の例 ○投げた距離を確かめながら遊ぶ ・各グループが投げる場所と投げた距離が分かる線を引いた場で，いろいろな用具を投げて遊ぶ。 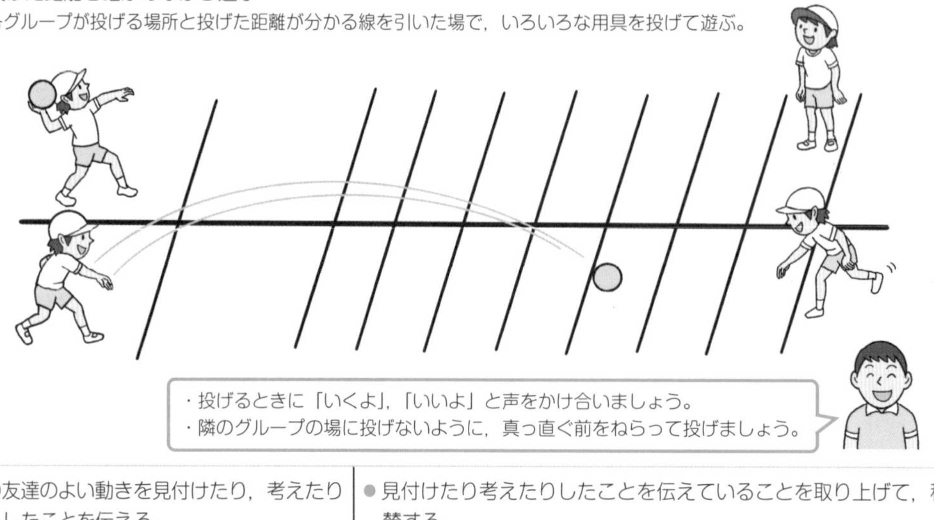 	
	○友達のよい動きを見付けたり，考えたりしたことを伝える。	●見付けたり考えたりしたことを伝えていることを取り上げて，称賛する。

15分

6　簡単な遊び方を工夫して投の運動遊びをする

○投の運動遊びの簡単な遊び方を知る。
○簡単な遊び方を選んで遊ぶ。

● 投の運動遊びの簡単な遊び方について，場を示したり，実際に動いて示したりしながら説明する。

投の運動遊びの簡単な遊び方の例

○投げた距離の競争をして遊ぶ

・選んだ用具と投げた距離の点数を決めて競争をする。
・グループ対抗にして，合計点で競争をする。

○遠くにある的まで投げて遊ぶ

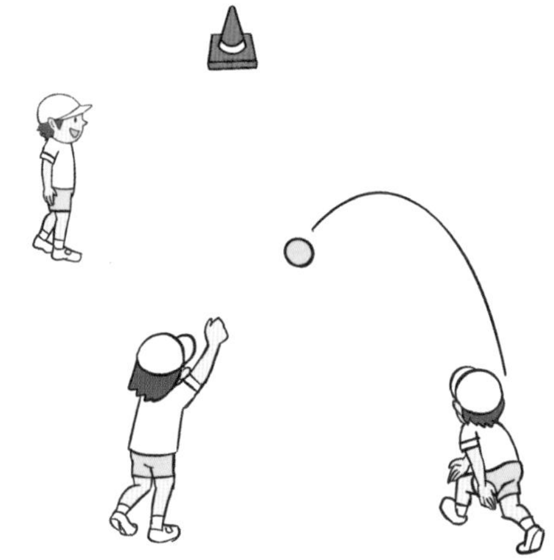

・ゴルフのように，投げた用具が落ちた場所から次は投げるようにして，何回目で的に当てられるかを楽しむ。
・二人組などで交互に投げて的をねらったり，友達と競争をして遊んだりする。

● 楽しくできる遊び方を選んでいることを取り上げて，称賛する。

◆学習評価◆　思考・判断・表現
①簡単な遊び方を選んでいる。

➡　自己に適した用具や楽しくできる遊び方を選んでいる姿を評価する。（観察・学習カード）

◎簡単な遊び方を選ぶことが苦手な児童への配慮の例

➡　友達が楽しんでいる遊び方を試したり，いろいろな用具を試して自己に適した用具を見付けたりして，楽しく遊ぶことができる自己に適した楽しい遊び方を見付けるようにするなどの配慮をする。

● 進んで取り組もうとしている様子を取り上げて，称賛する。

◆学習評価◆　主体的に学習に取り組む態度
①投の運動遊びに進んで取り組もうとしている。

➡　投の運動で楽しく遊んだり友達と遊び方を工夫したりすることなどに進んで取り組もうとしている姿を評価する。（観察・学習カード）

○友達のよい動きを見付けたり，考えたりしたことを伝える。

● 見付けたり考えたりしたことを伝えていることを取り上げて，称賛する。

5分

7　本時を振り返り，次時への見通しをもつ

本時の振り返り
・投の運動遊びで選んだ遊び方を，発表したり書いたりしましょう。
・投の運動遊びをして楽しかったことを，発表したり書いたりしましょう。

○振り返りを発表して，友達に伝える。

● 振り返りを発表したり学習カードに記入したりするように伝えるとともに，気付きや考えのよさを取り上げて，称賛する。

8　整理運動，場や用具の片付けをする

● 適切な整理運動を行うように，実際に動いて示しながら伝えるとともに，けががないかなどを確認する。

9　集合，健康観察，挨拶をする

本時の目標と展開③（3／3時間）

本時の目標

(1) ボールなどの用具を片手で持ち，前方に投げて遊ぶことができるようにする。
(2) 友達のよい動きを見付けたり，考えたりしたことを友達に伝えることができるようにする。
(3) 投の運動遊びに進んで取り組むことができるようにする。

本時の展開

時間	学習内容・活動	指導上の留意点
10分	1　**集合，挨拶，健康観察をする** 2　**本時のねらいを知り，めあてを立てる**	
	簡単な遊び方を工夫して，投の運動遊びをして楽しく遊んで，学習のまとめをしよう	
	○本時のねらいを知り，自己のめあてを立てる。	●学習カードを配り，立てためあてを記入するように伝える。
	3　**場や用具の準備をする** ○みんなで協力して，準備をする。	●安全な準備の仕方を確認する。
	4　**準備運動，主運動につながる運動遊びをする** ○みんなで準備運動，主運動につながる運動遊びをする。	●けがの防止のために適切な準備運動を行うように，実際に動いて示しながら伝える。
25分	5　**投の運動遊びをする** ○投の運動遊びの簡単な遊び方を選んで遊ぶ。	●行い方のポイントを押さえた動きを取り上げて，称賛する。 **◆学習評価◆　知識・技能** **②ボールなどの用具を片手で持ち，前方に投げて遊ぶことができる。** ➡　自己が選んだボールなどの用具を片手で持ち，腕を振って前方に投げて遊んでいる姿を評価する。（観察・学習カード）
	○選んだ遊び方を他のグループに紹介したり，他のグループが選んだ遊び方で遊んだりする。	●進んで取り組もうとしている様子を取り上げて，称賛する。
10分	6　**単元を振り返り，学習のまとめをする**	
	単元の学習の振り返り ・単元の学習で楽しかったことやできるようになったことを，発表したり書いたりしましょう。 ・学習したことで，今後も取り組んでいきたいことを，発表したり書いたりしましょう。	
	○振り返りを発表して，友達に伝える。	●振り返りを発表したり学習カードに記入したりするように伝えるとともに，気付きや考えのよさを取り上げて，称賛する。 **◆学習評価◆　思考・判断・表現** **②友達のよい動きを見付けたり，考えたりしたことを友達に伝えている。** ➡　運動遊びをして，友達のよい動きを見付けたり，考えたりしたことを友達に伝えている姿を評価する。（観察・学習カード） **◎考えたことを伝えることが苦手な児童への配慮の例** ➡　個別に関わり，見付けたり考えたりしたことを聞き取って友達に伝えることを支援したり，友達と二人などで伝え合う場面を設けたりするなどの配慮をする。
	7　**整理運動，場や用具の片付けをする**	●適切な整理運動を行うように，実際に動いて示しながら伝えるとともに，けががないかなどを確認する。
	8　**集合，健康観察，挨拶をする**	

2学年間にわたって取り扱う場合

【第1学年における指導と評価の計画（例）】

時間		1	2	3
ねらい		学習の見通しをもつ	投の運動遊びの簡単な遊び方を工夫して，みんなで楽しく遊ぶ	学習のまとめをする
学習活動		**オリエンテーション** **○学習の見通しをもつ** ・学習の進め方 ・学習のきまり **○投の運動遊び** 投の運動遊びの行い方を知り，いろいろな用具を投げて遊ぶ。	**○いろいろな用具を遠くに向かって投げて遊ぶ** ・投げた距離が分かる線を引いた場で，いろいろな用具を投げて遊ぶ **○簡単な遊び方を選んで遊ぶ** ・投げた距離の競争をして遊ぶ ・遠くにある的まで投げて遊ぶ	**学習のまとめ** **○簡単な遊び方を選んで遊ぶ** **○学習のまとめをする**
評価の重点	知識・技能	① 観察・学習カード		② 観察
	思考・判断・表現		① 観察・学習カード	
	主体的に学習に取り組む態度	② 観察・学習カード	① 観察・学習カード	

【幼児期の運動遊びとの円滑な接続を図るための工夫（例）】

● **「ボールなどの用具を片手で持ち，前方に投げる」ために**

幼児期の運動遊びの経験や発達段階により，低学年の児童は，ボールを投げて遊ぶことを楽しみます。その一方で，片手でボールを持って投げることや遠くに向かって投げることが苦手な児童がいる場合があります。

そのため低学年の活動では，児童が片手で投げやすい大きさや形状の用具を用意し，それらを片手で持ち，その手とは反対の足を踏み出して前方に投げることができるようにしましょう。

> （例）「ひらいて・パタン・とんで・いけ！」のかけ声で投げる
> ・「ひらいて」で横向きの姿勢で両手両足を広げ，「パタン」でボールを持った手の肘を曲げて高く上げ，「とんで」で投げる手とは反対の足を踏み出して，「いけ！」で腕を振って前方に投げる動きを身に付けるようにする。

● **「投の運動遊びの遊び方を工夫してみんなで楽しく遊ぶ」ために**

投の運動遊びでは，楽しく遊ぶ経験を通して，片手でボールを持って投げることができるようにすることが大切です。

そのため低学年の活動では，友達と投げた距離の競争をしたり的をねらって思い切り投げたりして，楽しく遊ぶ活動を取り入れるようにしましょう。

> （例）投げた距離の競争をして遊ぶ
> ・いろいろな用具を投げた距離で点数を決めて競争をする。用具によって点数を変えるなど遊び方を工夫する。
> ・グループ対抗にして，合計点で競争をして遊ぶ。

【第1学年において重点を置いて指導する内容（例）】

● **知識及び技能**

「ひらいて・パタン・とんで・いけ！」のかけ声などで，基本的な投動作の行い方を知り，いろいろな用具を片手で握って前方に向かって思い切り投げることができるようにしましょう。

● **思考力，判断力，表現力等**

いろいろな用具を投げて遊んだり，投げた距離が分かるような場で投げて遊んだりした後，自己が楽しくできる遊び方や用具を選んで遊ぶことができるようにしましょう。

● **学びに向かう力，人間性等**

運動遊びをする際に，投げる場所に危険物がないか，友達とぶつからない十分な間隔があるかなど，場の安全に気を付けることができるようにしましょう。また，休み時間などの日常生活の中でも投げる遊びを楽しむことができるように，投の運動遊びに進んでに取り組もうとする態度を育むことができるようにしましょう。

D 水遊び

水の中を移動する運動遊び，もぐる・浮く運動遊び

水の中を移動する運動遊びは，水につかって歩いたり走ったりすること，もぐる・浮く運動遊びは，息を止めたり吐いたりしながら水にもぐったり浮いたりすることの楽しさに触れることができる運動遊びです。本単元例は，単元前半は水の中を移動する運動遊びをして遊ぶ時間，単元後半はもぐる・浮く運動遊びをして遊ぶ時間を設定することで，水の中を移動する運動遊びの学習で身に付けたことを生かして，もぐる・浮く運動遊びに楽しく取り組むことができる授業を展開するようにしています。

単元の目標

(1) 水の中を移動する運動遊びともぐる・浮く運動遊びの行い方を知るとともに，水につかって歩いたり走ったりして遊ぶこと，息を止めたり吐いたりしながらもぐったり浮いたりして遊ぶことができるようにする。
(2) 水の中を移動する簡単な遊び方ともぐったり浮いたりする簡単な遊び方を工夫するとともに，考えたことを友達に伝えることができるようにする。
(3) 水遊びに進んで取り組み，順番やきまりを守り誰とでも仲よく運動をしたり，水遊びの心得を守って安全に気を付けたりすることができるようにする。

指導と評価の計画(10 時間)

時間		1	2	3	4	5
ねらい		学習の見通しをもつ	水の中を移動する運動遊びともぐる・浮く運動遊びの行い方を知り，みんなで楽しく遊ぶ			
学習活動		オリエンテーション 1 集合，挨拶，健康観察をする 2 単元の学習の見通しをもつ ○単元の目標と学習の進め方を知る。 ○バディシステムを確認する。 ○水遊びの心得と学習のきまりを知る。 3 本時のねらいを知り，めあてを立てる 4 用具の準備をする ○用具の準備と片付けの仕方を知る。 5 準備運動をしてシャワーを浴びる 6 水慣れをする ○水慣れの行い方を知る。 7 水の中を移動する運動遊びをする	1 集合，挨拶，健康観察をする 2 本時のねらいを確認す 4 準備運動をしてシャワーを浴びる 5 水慣れをする **水の中を移動する運動遊び** 6 水の中を移動する運動遊びをする ○水の中を移動する運動遊びの行い方を知る。 ○バディやグループで楽しく遊ぶ。 ○簡単な遊び方から，自己に適した遊び方を選ぶ。 ○友達のよい動きを見付けたり，考えたりしたことを伝える。 **もぐる・浮く運動遊び**			
		8 本時を振り返り，次時への見通しをもつ 9 整理運動，用具の片付けをしてシャワーを浴び				
評価の重点	知識・技能		① 観察・学習カード			③ 観察
	思考・判断・表現					
	主体的に学習に取り組む態度	④ 観察・学習カード		② 観察・学習カード	③ 観察・学習カード	

単元の評価規準

知識・技能	思考・判断・表現	主体的に学習に取り組む態度
①水の中を移動する運動遊びの行い方について，言ったり実際に動いたりしている。 ②もぐる･浮く運動遊びの行い方について，言ったり，実際に動いたりしている。 ③水の中をいろいろな姿勢で歩いたり，自由に方向や速さを変えて走ったりして遊ぶことができる。 ④息を止めたり吐いたりしながら，いろいろな姿勢で水にもぐったり浮いたりして遊ぶことができる。	①簡単な遊び方や場を選んでいる。 ②友達のよい動きを見付けたり，考えたりしたことを友達に伝えている。	①水遊びに進んで取り組もうとしている。 ②順番やきまりを守り，誰とでも仲よくしようとしている。 ③用具の準備や片付けを，友達と一緒にしようとしている。 ④水遊びの心得を守っている。

6	7	8	9	10
簡単な遊び方を工夫して，みんなで楽しく遊ぶ				学習のまとめをする
る　3　用具の準備をする				
7　もぐる・浮く運動遊びをする ○もぐる・浮く運動遊びの行い方を知る。 ○バディやグループで楽しく遊ぶ。 ○簡単な遊び方から，自己に適した遊び方を選ぶ。 ○友達のよい動きを見付けたり，考えたりしたことを伝える。				学習のまとめ 6　水の中を移動する運動遊びをする 7　もぐる・浮く運動遊びをする 8　単元を振り返り，学習のまとめをする 9　整理運動，用具の片付けをして,シャワーを浴びる 10　集合，健康観察，挨拶をする
る　10　集合，健康観察，挨拶をする				
② 観察・学習カード			④ 観察	
	① 観察・学習カード	② 観察・学習カード		
				① 観察・学習カード

本時の目標と展開①（1／10時間）

本時の目標

(1) 水の中を移動する運動遊びの行い方を知ることができるようにする。
(2) 簡単な遊び方や場を選ぶことができるようにする。
(3) 水遊びの心得を守ることができるようにする。

本時の展開

時 間	学習内容・活動	指導上の留意点
5分	1　集合，挨拶，健康観察をする 2　単元の学習の見通しをもつ 　○単元の目標と学習の進め方を知る。 　○バディシステムを確認する。 　○水遊びの心得と学習のきまりを知る。	● 掲示物や学習資料などを活用して，分かりやすく説明する。 ● バディ（二人一組）の組み合わせを事前に決めておく。 ● 体（爪，耳，鼻，頭髪等）を清潔にしておくことを事前に伝えるとともに，授業前に確認する。
	水遊びの心得の例 ・準備運動や整理運動をしっかり行いましょう。　　　・丁寧にシャワーを浴びましょう。 ・プールサイドは走らないようにしましょう。　　　・プールに飛び込まないようにしましょう。 ・友達とぶつからないように動きましょう。 **学習のきまりの例** ・遊ぶときは順番を守って，誰とでも仲よくしましょう。 ・遊ぶときの準備や片付けは，友達と一緒にしましょう。	
	3　本時のねらいを知り，めあてを立てる	
	水遊びの学習の進め方を知り，学習の見通しをもとう	
	○本時のねらいを知り，自己のめあてを立てる。	● 学習カードを配り，使い方を説明する。（濡れないようにするため，教室で記入することも考えられる。）
10分	4　用具の準備をする 　○用具の準備と片付けの仕方を知る。 　○みんなで協力して，準備をする。	● 安全な準備と片付けの仕方を説明する。 ● 友達と一緒に準備をする様子を取り上げて，称賛する。
	用具の準備の仕方の例 ・プールサイドや水面に危険物がないか気を付けて，見付けたら先生に知らせましょう。 ・遊びに使う用具は，決まった場所から使うものだけを取り，使い終わったら片付けましょう。 ・水着などは正しく身に付けられているか確かめましょう。タオルの置き場を確かめましょう。	
	5　準備運動をしてシャワーを浴びる 　○準備運動の行い方を知る。 　○みんなで準備運動をする。	● けがの防止のために適切な準備運動の行い方について，実際に動いて示しながら説明する。
	準備運動の例 ○徒手での運動　…肩，腕，膝，ふくらはぎ，首などをほぐす運動をする。	
	○シャワーの浴び方を知る。 　○みんなで順番に，シャワーを浴びる。	● 衛生と安全に配慮したシャワーの浴び方を説明する。
	シャワーの浴び方の例 ・帽子を外して頭から浴びる。	・順番を守り，落ち着いて行動する。
	◎**水が顔にかかることが苦手な児童への配慮の例** ➡ 顔に水がかからないような姿勢で浴びたり，顔は自分の手ですくった水をかけたりすることから始め，少しずつ水が顔にかかることに慣れるようにするなどの配慮をする。

15分

6　水慣れをする

○ゆっくりと水に入る。
○水慣れの行い方を知る。
○バディやグループで水慣れをする。

- 体に水をかけてから，ゆっくりと水に入るようにする。
- 水慣れの行い方について，場を示したり，実際に動いて示したりしながら説明する。

水慣れの例

○シャワーを使った水慣れ

○水に顔をつける水慣れ

○バブリングにつながる運動遊び

○水をかいたり，プールの底をけったりして進む

○水につかっての電車ごっこ

○水につかっての鬼遊び

10分

7　水の中を移動する運動遊びをする

○水の中を移動する運動遊びの行い方を知る。

○バディやグループで楽しく遊ぶ。

- 水の中を移動する運動遊びの行い方について，場を示したり，実際に動いて示したりしながら説明する。
- 水遊びの心得を守っている様子を取り上げて，称賛する。

水の中を移動する運動遊びの行い方の例

○電車ごっこでのじゃんけん遊び

・他のグループとじゃんけんをする。

・負けたグループは腕でトンネルをつくり，勝ったチームがそれをくぐる。

・徐々にトンネルの高さを低くしていく。

◆学習評価◆　主体的に学習に取り組む態度
④水遊びの心得を守っている。

➡　プールサイドは走らない，プールに飛び込まない，友達とぶつからないように動くなど，水遊びの心得を守っている姿を評価する。（観察・学習カード）

◎水遊びの心得を守ることに意欲的でない児童への配慮の例

➡　急いで次の行動をしないことを伝え，興奮している様子がある際は，個別に関わり心が落ち着くようにするなどの配慮をする。
➡　バディや周りの友達と心得や決まりを確かめながら活動するようにするなどの配慮をする。

- 順番やきまりを守ろうとしている様子を取り上げて，称賛する。

◎水の抵抗や浮力の影響で歩いたり走ったりすることが苦手な児童への配慮の例

➡　電車ごっこで友達の後ろに続いて移動すること，先頭になったときは手で水を力強くかいたりすることを助言するなどの配慮をする。

5分

8　本時を振り返り，次時への見通しをもつ

本時の振り返り
・水遊びの心得を守るために気を付けたことを，発表したり書いたりしましょう。
・単元の学習で楽しみたいことやできるようになりたいことを，発表したり書いたりしましょう。

○振り返りを発表して，友達に伝える。

- 振り返りを発表したり学習カードに記入するように伝えるとともに，気付きや考えのよさを取り上げて，称賛する。（濡れないようにするため，教室で記入することも考えられる。）

9　整理運動，用具の片付けをしてシャワーを浴びる

- 整理運動の行い方について，実際に動いて示しながら説明するとともに，けががないかなどを確認する。

10　集合，健康観察，挨拶をする

本時の目標と展開②（2／10時間）

本時の目標

(1) 水の中を移動する運動遊びの行い方を知ることができるようにする。
(2) 簡単な遊び方や場を選ぶことができるようにする。
(3) 順番やきまりを守り，誰とでも仲よくすることができるようにする。

本時の展開

時間	学習内容・活動	指導上の留意点
10 分	1　集合，挨拶，健康観察をする 2　本時のねらいを確認する **水遊びの行い方を知り，みんなで楽しく遊ぼう** ○本時のねらいを知り，自己のめあてを立てる。 3　用具の準備をする ○みんなで，協力して準備をする。 4　準備運動をしてシャワーを浴びる ○みんなで準備運動をする。 ○みんなで順番に，シャワーを浴びる。	●安全な準備の仕方を確認する。 ●けがの防止のために適切な準備運動を行うように，実際に動いて示しながら伝える。 ●衛生と安全に気を付けたシャワーの浴び方を確認する。
20 分	5　水慣れをする ○ゆっくりと水に入る。 ○バディやグループで水慣れをする。 6　水の中を移動する運動遊びをする ○水の中を移動する運動遊びの行い方を知る。 ○バディやグループで楽しく遊ぶ。	●体に水をかけてから，ゆっくりと水に入るようにする。 ●水の中を移動する運動遊びの行い方について，場を示したり，実際に動いて示したりしながら説明する。

水の中を移動する運動遊びの行い方の例

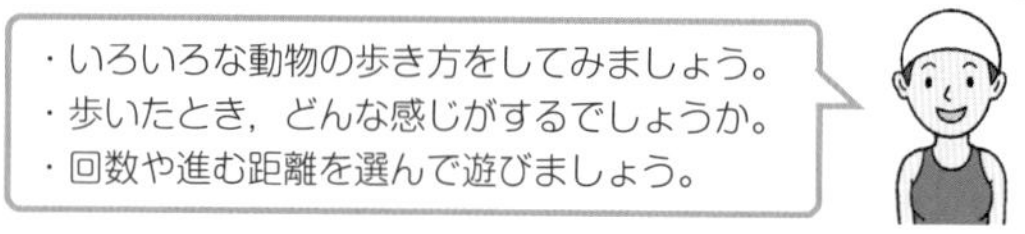

・いろいろな動物の歩き方をしてみましょう。
・歩いたとき，どんな感じがするでしょうか。
・回数や進む距離を選んで遊びましょう。

○まねっこ遊び

・アヒル

かがんで歩く
＝水の抵抗を感じる

・カニ

口から少しずつ息を吐く
＝バブリング

・カエル

プールの底を蹴ってジャンプをして進む＝ボビングへ

・ワニ

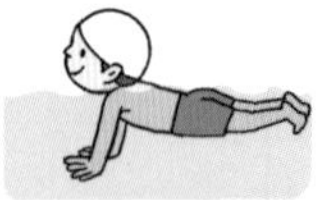

足を後方へ伸ばして手だけで歩く＝水面に水平な姿勢へ

時間	学習内容・活動	指導上の留意点
20 分	○友達のよい動きを見付けたり，考えたりしたことを伝える。 ○水の中を移動する運動遊びの簡単な遊び方を知る。 ○簡単な遊び方から，自己に適した遊び方を選ぶ。	●見付けたり，考えたりしたことを伝えていることを取り上げて，称賛する。 ●水の中を移動する運動遊びの簡単な遊び方について，場を示したり，実際に動いて示したりしながら説明する。

水の中を移動する運動遊びの行い方の例

○まねっこでのリレー遊び
・六名程度のグループになり，バディで一緒になりたい動物を選んで歩く。
・プールの壁から壁まで選んだ動物になって歩き，次のバディにタッチをしてリレーをする。
・競走ではなく，互いの歩き方を見て楽しむ。

10分

7　もぐる・浮く運動遊びをする

○もぐる・浮く運動遊びの行い方を知る。
○バディやグループで楽しく遊ぶ。

● もぐる・浮く運動遊びの行い方について，場を示したり，実際に動いて示したりしながら説明する。

もぐる運動遊びの行い方の例

石拾いで使う用具の例

○丸い石，平らな石

・しっかりもぐらないと拾いにくい。
・丸い石は，もぐらずに足の指でつかんで拾うこともできる。

○輪状の石

・プールの底で立つものは拾いやすい。
・もぐらずに，足を通して拾うこともできる。

○棒状の石

・プールの底で立つものは拾いやすい。
・足を使って拾うのは難しい。

○まねっこでの石拾い

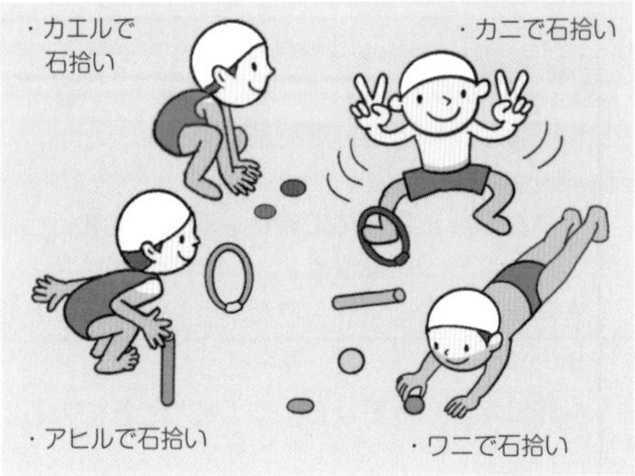

・バディでなりきる動物や，拾う石の種類や色などを選びましょう。
・お話を作って動物になりきって遊ぶなど，楽しい遊び方を工夫しましょう。

● 誰とでも仲よくしようとしている様子を取り上げて，称賛する

◎友達と一緒に遊ぶことに意欲的でない児童への配慮の例

➡ 友達と協力して一緒に取り組む水遊びを紹介したり，友達同士で互いの動きのよさを認め合う機会を設定したりするなどの配慮をする。

5分

8　本時を振り返り，次時への見通しをもつ

本時の振り返り
・水の中を移動する運動遊びの行い方について知ったことを，発表したり書いたりしましょう。
・水の中を移動する運動遊びをして楽しかったことを，発表したり書いたりしましょう。

○振り返りを発表して，友達に伝える。

● 振り返りを発表したり学習カードに記入したりするように伝えるとともに，気付きや考えのよさを取り上げて，称賛する。（濡れないようにするため，教室で記入することも考えられる）

◆学習評価◆　知識・技能
①水の中を移動する運動遊びの行い方について，言ったり実際に動いたりしている。

➡ 水につかって歩いたり走ったりする水の中を移動する運動遊びの行い方について，発表したり実際に動いたり学習カードに記入したりしていることを評価する。（観察・学習カード）

◎水の中を移動する運動遊びの行い方を知ることが苦手な児童への配慮の例

➡ 個別に関わり，行い方のポイントについて対話しながら確認したり，自己や友達のよい動きを思い起こしたりするなどの配慮をする。

9　整理運動，用具の片付けをしてシャワーを浴びる

10　集合，健康観察，挨拶をする

● 適切な整理運動を行うように，実際に動いて示しながら伝えるとともに，けががないかなどを確認する。

本時の目標と展開③（6／10時間）

本時の目標

(1) もぐる・浮く運動遊びの行い方を知ることができるようにする。

(2) 簡単な遊び方や場を選ぶことができるようにする。

(3) 水遊びに進んで取り組むことができるようにする。

本時の展開

時 間	学習内容・活動	指導上の留意点
10分	1 集合，挨拶，健康観察をする 2 本時のねらいを確認する **水遊びの簡単な遊び方を工夫して，みんなで楽しく遊ぼう** ○本時のねらいを知り，自己のめあてを立てる。 3 用具の準備をする ○みんなで協力して，準備をする。 4 準備運動をしてシャワーを浴びる ○みんなで準備運動をする。 ○みんなで順番に，シャワーを浴びる。	●安全な準備の仕方を確認する。 ●けがの防止のために適切な準備運動を行うように，実際に動いて示しながら確認する。 ●衛生と安全に気を付けたシャワーの浴び方を確認する。
15分	5 水慣れをする ○ゆっくりと水に入る。 ○バディやグループで水慣れをする。 6 水の中を移動する運動遊びをする ○バディやグループで楽しく遊ぶ。 水の中を移動する運動遊びの行い方の例 ○水中リレー 手で水をかいたり，プールの底を力強く蹴ったりジャンプしたりしながら，速く走りましょう。 ・五名程度のグループになり，競走をする。 7 もぐる・浮く運動遊びをする ○もぐる・浮く運動遊びの行い方を知る。 ○バディやグループで楽しく遊ぶ。 もぐる・浮く運動遊びの行い方の例 ○くらげ浮き　　○伏し浮き　　○大の字浮き ○バブリング　　　　　　○水中じゃんけん ・水中で口や鼻から少しずつ息を吐く。　　・バディで行う，慣れてきたら連続して数回行う。	●体に水をかけてから，ゆっくりと水に入るようにする。 ●もぐる・浮く運動遊びの行い方について，場を示したり，実際に動いて示したりしながら説明する。

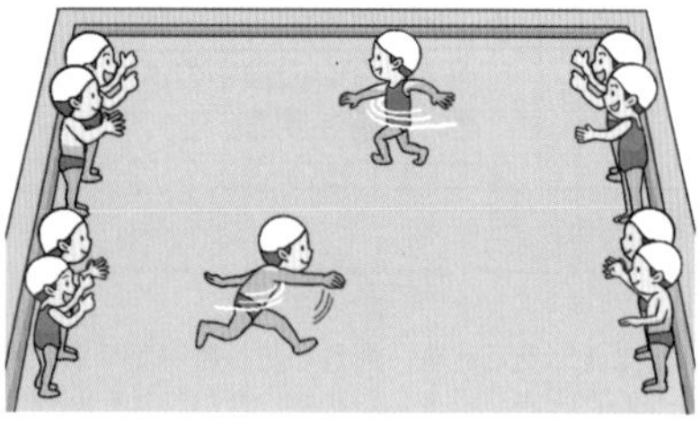

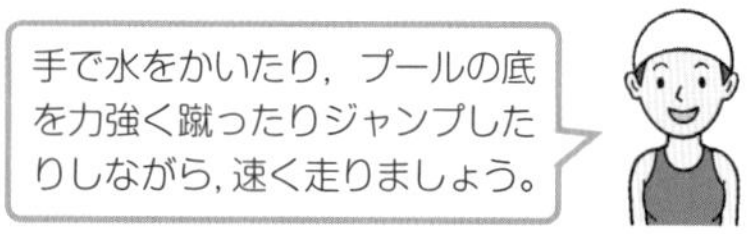

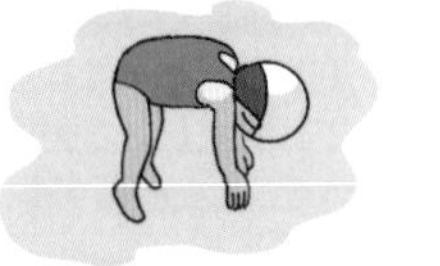

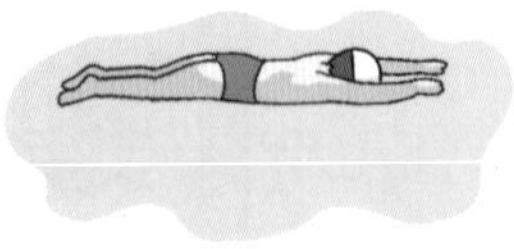

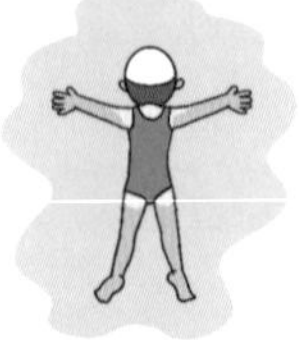

15分	○もぐる・浮く運動遊びの簡単な遊び方を知る。 ○簡単な遊び方から、自己に適した遊び方を選ぶ。	●もぐる・浮く運動遊びの簡単な遊び方について、場を示したり、実際に動いて示したりしながら説明する。

もぐる・浮く運動遊びの行い方の例

○いろいろな文字を浮いて表す
・「一」、「人」、「大」

○いろいろな文字をもぐって表す
・「ん」、「し」

○友達と一緒にいろいろな文字を浮いて表す
・「犬」、「太」　　　　　　・「ハ」、「人」　　　　　　・「三」、「川」

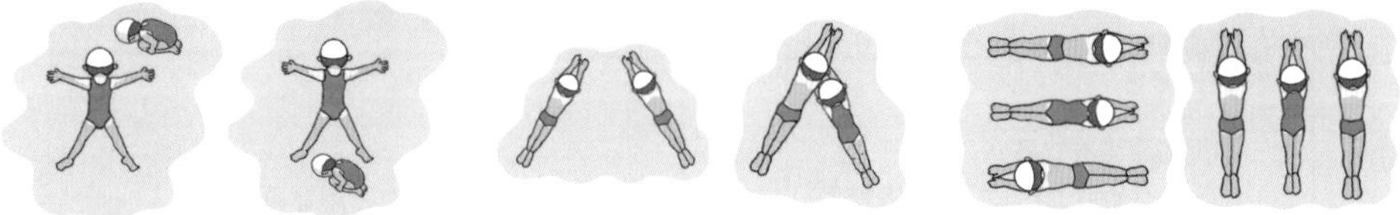

○補助具や友達の補助で浮いて進む
・伏し浮きで友達につかまり、　　・背浮きで友達に支えてもらい　　・補助具につかまり伏し浮きや背浮き
　引いてもらう。　　　　　　　　　運んでもらう。　　　　　　　　　をして友達に引いてもらう。

	○友達のよい動きを見付けたり、考えたりしたことを伝える。	●見付けたり、考えたりしたことを伝えていることを取り上げて、称賛する。

8　本時を振り返り、次時への見通しをもつ

> **本時の振り返り**
> ・もぐる・浮く運動遊びの行い方について知ったことを、発表したり書いたりしましょう。
> ・もぐる・浮く運動遊びをして楽しかったことを、発表したり書いたりしましょう。

5分	○振り返りを発表して、友達に伝える。	●振り返りを発表したり学習カードに記入したりするように伝えるとともに、気付きや考えのよさを取り上げて、称賛する。（濡れないようにするため、教室で記入することも考えられる。） ◆**学習評価◆　知識・技能** ②**もぐる・浮く運動遊びの行い方について、言ったり実際に動いたりしている。** ➡ 息を止めたり吐いたりしながらいろいろなもぐり方や浮き方をする運動遊びの行い方について、発表したり実際に動いたり学習カードに記入したりしていることを評価する。（観察・学習カード） ◎**もぐる・浮く運動遊びの行い方を知ることが苦手な児童への配慮の例** ➡ 個別に関わり、行い方のポイントについて対話しながら確認したり、自己や友達のよい動きを思い起こしたりするなどの配慮をする。
	9　整理運動、用具の片付けをしてシャワーを浴びる **10　集合、健康観察、挨拶をする**	●適切な整理運動を行うように、実際に動いて示しながら伝えるとともに、けががないかなどを確認する。

本時の目標と展開④（10／10時間）

本時の目標

(1) 息を止めたり吐いたりしながら，いろいろな姿勢で水にもぐったり浮いたりして遊ぶことができるようにする。
(2) 友達のよい動きを見付けたり，考えたりしたことを友達に伝えることができるようにする。
(3) 水遊びに進んで取り組むことができるようにする。

本時の展開

時間	学習内容・活動	指導上の留意点
10分	1 **集合，挨拶，健康観察をする** 2 **本時のねらいを確認する**	
	水遊びの簡単な遊び方を工夫してみんなで楽しく遊んで，学習のまとめをしよう	
	○本時のねらいを知り，自己のめあてを立てる。	
	3 **用具の準備をする** ○みんなで協力して，準備をする。	●安全な準備の仕方を確認する。
	4 **準備運動をしてシャワーを浴びる** ○みんなで準備運動をする。	●けがの防止のために適切な準備運動を行うように，実際に動いて示しながら確認する。
	○みんなで順番に，シャワーを浴びる。	●衛生と安全に気を付けたシャワーの浴び方を確認する。
15分	5 **水慣れをする** ○ゆっくりと水に入る。 ○バディやグループで水慣れをする。	●体に水をかけてから，ゆっくりと水に入るようにする。
	6 **水の中を移動する運動遊びをする** ○簡単な遊び方や場を選び，バディやグループで楽しく遊ぶ。	●水の中を移動する運動遊びに進んで取り組もうとしている姿を取り上げて，称賛する。
10分	7 **もぐる・浮く運動遊びをする** ○簡単な遊び方や場を選び，バディやグループで楽しく遊ぶ。	●もぐる・浮く運動遊びに進んで取り組もうとしている姿を取り上げて，称賛する。 **◆学習評価◆　主体的に学習に取り組む態度** **①水遊びに進んで取り組もうとしている。** ➡　水の中を移動する運動遊び，もぐる・浮く運動遊びに進んで取り組もうとしている姿を評価する。（観察・学習カード）
	○友達のよい動きを見付けたり，考えたりしたことを伝える。	●見付けたり考えたりしたことを伝えていることを取り上げて，称賛する。
10分	8 **単元を振り返り，学習のまとめをする**	
	本時の振り返り ・単元の学習で楽しかったことやできるようになったことを，発表したり書いたりしましょう。 ・学習したことで，今後も取り組んでいきたいことを，発表したり書いたりしましょう。	
	○振り返りを発表して，友達に伝える。	●振り返りを発表したり学習カードに記入するように伝えるとともに，気付きや考えをよさを取り上げて，称賛する。（濡れないようにするため，教室で記入することも考えられる。）
	9 **整理運動，用具の片付けをしてシャワーを浴びる**	●適切な整理運動を行うように，実際に動いて示しながら伝えるとともに，けががないかなどを確認する。
	10 **集合，健康観察，挨拶をする**	

2学年間にわたって取り扱う場合

【第1学年における指導と評価の計画（例）】

時間		1	2～5	6～9	10
ねらい		学習の見通しをもつ	水の中を移動する運動遊びの行い方を知り，楽しく遊ぶ	もぐる・浮く運動遊びの行い方を知り，楽しく遊ぶ	学習のまとめをする
学習活動		**オリエンテーション** **○学習の見通しをもつ** ・学習の進め方 ・学習のきまり ・水遊びの心得 **○水慣れ** ・不安感を取り除き水の心地よさを味わう	**水の中を移動する運動遊び** **○水慣れ** ・不安感を取り除き水の心地よさを味わう。 **○水の中を移動する運動遊び** ・まねっこ遊び ・電車ごっこ ・鬼遊び	**もぐる・浮く運動遊び** **○水慣れ** ・不安感を取り除き水の心地よさを味わう。 **○もぐる・浮く運動遊び** ・壁や補助具につかまって浮く ・バブリング ・水中じゃんけん	**学習のまとめ** **○みんなで，水の中を移動する運動遊びをする** ・リレー遊び **○みんなで，もぐる・浮く運動遊びをする** ・水中じゃんけん大会 **○学習のまとめをする**
評価の重点	知識・技能		①・③ 観察・学習カード	②・④ 観察・学習カード	
	思考・判断・表現		① 観察・学習カード	② 観察・学習カード	
	主体的に学習に取り組む態度	④ 観察・学習カード			① 観察・学習カード

【幼稚園等との円滑な接続を図るための工夫（例）】

● **「水慣れを通して不安感を取り除き，水の心地よさを味わう」ために**

幼児期の水に対する経験は児童によって多様です。低学年では，水に対する不安感を取り除き，水遊びに進んで取り組むことができるようにします。

そのため低学年のはじめは，水慣れの時間を十分に確保し，水に入るときや水に顔をつけるときは，徐々に水につける部分を増やしたり楽しい遊びをしたりすることで，無理なく水に慣れるようにしましょう。

(例)・体に水をかける：足先→膝→もも→腹→胸→肩と徐々に水をかける部位を増やす。できる部位までで無理をせず徐々に増やすようにする。
・水に顔をつける：顎→口→鼻→目→頭と徐々に水につける部位を増やす。できる部位までで無理をせず徐々に増やすようにする。

● **「息を止めたり吐いたりしながら，もぐったり浮いたりする」ために**

日常生活では，無意識に呼吸をしています。低学年では，もぐったり浮いたりする際に，その動きによって息を吸って止めたり吐いたりすることができるようにします。

そのため，低学年のはじめは，水に入る前の準備運動などで息を止めたり吐いたりする活動をしたり，水に入ってからは徐々に水につける顔の部位を増やすバブリングや楽しい行い方でできるもぐる遊びなどをしたりしましょう。

(例)・プールサイドで教師が数える数などに合わせて，息を止めたり吐いたりする。シャワーを浴びながら，みんなで数を数えたり歌を歌ったりする。
・バブリング：口→鼻→目→頭と徐々に水につける部位を増やす。水中でじゃんけんやにらめっこをする。

【第1学年において重点を置いて指導する内容（例）】

● **知識及び技能**

顔に水がかかったり，水の中で息を止めたり吐いたりしても怖かったり苦しかったりしないことを知るとともに，顔に水がかかったり水にもぐったりする活動を楽しみながら行うことで，水に対する不安感を少しずつ取り除くようにしましょう。水に慣れ不安感がなく遊ぶ中で，水の抵抗や浮力に負けないように動いたり，息を吸って止めたり吐いたりすることができるようにしましょう。

● **思考力，判断力，表現力等**

水に対する不安感に応じて，無理なく活動できる場や楽しくできる遊び方を選べるようにします。児童が，水の楽しさや心地よさを味わうことで，友達と一緒に遊びながら選ぶ場や遊び方が広がるようにしましょう。

● **学びに向かう力，人間性等**

水遊びの心得は，命に関わる重要なものです。バディシステムでの人数確認やプールでのきまりを守ることなど，安全に気を付けることは第１学年において確実に指導しましょう。また，水に対する不安感がある児童には，無理のない段階的な活動を選べるようにいろいろな場を準備したり，少しでもできるようになったことを称賛したりすることで，児童が水の中での運動遊びの楽しさに触れ，進んで運動に取り組むことができるようにしましょう。

E ゲーム

ボールゲーム「シュートゲーム」

ボールゲームは，簡単なボール操作と攻めや守りの動きによって易しいゲームをして遊ぶ楽しさに触れることができる運動遊びです。本単元例は，シュートゲームを取り上げて，単元前半は規則を選んでゲームをする時間，単元後半は攻め方を選んでゲームをする時間を設定することで，簡単な遊び方を工夫することによりに，身に付けた簡単なボール操作と攻めや守りの動きでゲームをして楽しく遊ぶことができる授業を展開するようにしています。

単元の目標

(1) ボールゲーム（シュートゲーム）の行い方を知るとともに，簡単なボール操作と攻めや守りの動きによって，易しいゲームをして遊ぶことができるようにする。
(2) 簡単な規則を工夫したり，攻め方を選んだりするとともに，考えたことを友達に伝えることができるようにする。
(3) ボールゲーム（シュートゲーム）に進んで取り組み，規則を守り誰とでも仲よく運動をしたり，勝敗を受け入れたり，場や用具の安全に気を付けたりすることができるようにする。

指導と評価の計画（8時間）

時間		1	2	3	4
ねらい		学習の見通しをもつ	シュートゲームの行い方を知り，簡単な規則を工夫してみんなで楽しくゲームをする		
学習活動		オリエンテーション 1 集合，挨拶，健康観察をする 2 単元の学習の見通しをもつ ○単元の目標と学習の進め方を知る。 ○学習のきまりを知る。 3 本時のねらいを知り，めあてを立てる 4 場や用具の準備をする ○場や用具の準備と片付けの仕方を知る。 5 準備運動，ゲームにつながる運動遊びをする ○準備運動，ゲームにつながる運動遊びの行い方を知る。 6 ゲームをする ○易しいゲームの行い方を知る。 ○相手チームを確認して，ゲームをする。	1 集合，挨拶，健康観察をする　2 本時のねらいを知り， 4 準備運動をする 5 ゲームにつながる運動遊びをする 全てのチームとゲームをする （相手チームを替えて，1時間に2ゲーム） 6 ゲームをする ○シュートゲームの規則の工夫の仕方を知る。 ○相手チームを決め，規則を選んでゲームをする。 ○チームでゲーム1を振り返り，選んだ規則について考えたことを伝える。 ○相手チームを替え，規則を選んでゲーム2をする。		
		7 本時を振り返り，次時への見通しをもつ　8 整理運動，場や用具の片付けをする			
評価の重点	知識・技能		① 観察・学習カード		
	思考・判断・表現				① 観察・学習カード
	主体的に学習に取り組む態度	⑤ 観察・学習カード	④ 観察・学習カード	③ 観察・学習カード	

単元の評価規準

知識・技能	思考・判断・表現	主体的に学習に取り組む態度
①ボールゲーム（シュートゲーム）の行い方について，言ったり実際に動いたりしている。 ②簡単なボール操作（投げる，捕るなど）によって，ゲームをして遊ぶことができる。 ③簡単なボールを持たない動き（ボールが飛んでくるコースに入る，ボールを操作できる位置に動くなど）によって，ゲームをして遊ぶことができる。	①簡単な遊び方を選んでいる。 ②友達のよい動きを見付けたり，考えたりしたことを友達に伝えている。	①ボールゲーム（シュートゲーム）に進んで取り組もうとしている。 ②順番や規則を守り，誰とでも仲よくしようとしている。 ③勝敗を受け入れようとしている。 ④用具等の準備や片付けを，友達と一緒にしようとしている。 ⑤場の安全に気を付けている。

5	6	7	8
攻め方を選んで，みんなで楽しくゲームをする			学習のまとめをする
めあてを立てる　3　場や用具の準備をする			
相手チームを決めてゲームをする （相手チームを替えずに，1時間に2ゲーム） 6　ゲームをする ○シュートゲームの攻め方を知る。 ○チームで攻め方を選んで，ゲーム1をする。 ○チームでゲーム1を振り返り，選んだ攻め方について考えたことを伝える。 ○チームで選んだ攻め方を確認して，ゲーム2をする。			学習のまとめ **シュートゲーム大会をする** （相手チームを替えて3ゲーム） 6　シュートゲーム大会をする 6　単元を振り返り，学習のまとめをする 7　整理運動，場や用具の片付けをする 8　集合，健康観察，挨拶をする
9　集合，健康観察，挨拶をする			
	② 観察	③ 観察	
	② 観察・学習カード		
② 観察・学習カード			① 観察・学習カード

本時の目標と展開①（1／8時間）

本時の目標

(1) ボールゲーム（シュートゲーム）の行い方を知ることができるようにする。
(2) 簡単な遊び方を選ぶことができるようにする。
(3) 場の安全に気を付けることができるようにする。

本時の展開

<table>
<tr><th>時 間</th><th>学習内容・活動</th><th>指導上の留意点</th></tr>
<tr><td rowspan="5">5
分</td><td>1　集合，挨拶，健康観察をする
2　単元の学習の見通しをもつ
○単元の目標と学習の進め方を知る。
○チームを確認する。
○学習のきまりを知る。</td><td>● 掲示物を活用するなどしながら，分かりやすく説明する。
● どのチームも同じくらいの力になるように配慮して，四人を基本としたチームを事前に決めておく。</td></tr>
<tr><td colspan="2">学習のきまりの例
・用具は正しく使いましょう。
・安全に気を付けて遊びましょう。
・誰とでも仲よく遊び，勝敗は受け入れましょう。
・準備や片付けは，友達と一緒にしましょう。
</td></tr>
<tr><td>3　本時のねらいを知り，めあてを立てる</td><td></td></tr>
<tr><td colspan="2">シュートゲームの学習の進め方を知り，学習の見通しをもとう</td></tr>
<tr><td>○本時のねらいを知り，自己のめあてを立てる。</td><td>● 学習カードを配り，使い方を説明する。</td></tr>
<tr><td rowspan="4">20
分</td><td>4　場や用具の準備をする
○場や用具の準備と片付けの仕方を知る。
○みんなで協力して，準備をする。</td><td>● 安全な準備と片付けの仕方を説明する。
● 安全に気を付けている様子を取り上げて，称賛する。</td></tr>
<tr><td colspan="2">場や用具の準備と片付けのきまりの例
・運動遊びをする場所に危険物がないか気を付けて、見付けたら先生に知らせましょう。
・運動遊びに使う用具などは、友達と一緒に決まった場所から安全に気を付けて運びましょう。
・安全に運動遊びができるように、服装などが整っているか、気を付けましょう。
</td></tr>
<tr><td>5　準備運動，ゲームにつながる運動遊びをする
○準備運動，ゲームにつながる運動遊びの行い方を知る。
○みんなで準備運動，ゲームにつながる運動遊びをする。</td><td>● けがの防止のために適切な準備運動の行い方について，実際に動いて示しながら説明する。</td></tr>
<tr><td colspan="2">準備運動の例
肩，腕，手首，腿，膝，ふくらはぎ，足首などをほぐす運動を行う。
ゲームにつながる運動遊びの例
○ボール操作に慣れる運動遊び

・ボールを真上に投げてキャッチをする。

・ボールをつく。
○的当てゲーム
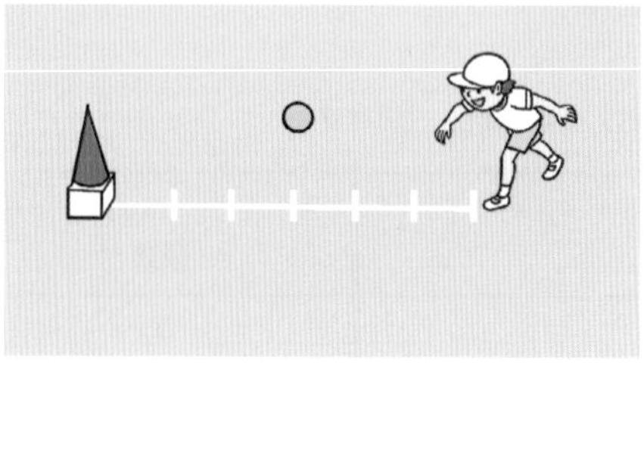
・楽しくできる距離を選んで，的に向かって投げる。</td></tr>
</table>

15分

6　ゲームをする

○易しいゲームの行い方を知る。

● 易しいゲームの行い方について，場を示したり実際に動いて示したりしながら説明する。

シュートゲームの易しいゲームの行い方の例

○攻守を交代し，攻める側が一人ずつシュートができる位置まで移動して，シュートをするゲーム

・コートの半分を使い，先攻３分・後攻３分の合計６分のゲームをする。（３分で攻守を交代する）
・攻めは全員が１球ずつボールを持つ。守りは二人がゲームに出て，ゴールエリアに入る。（３分の途中で交代する）
・攻めは一人ずつ順番にボールを持って移動し，シュートができる位置でシュートをする。守りは手を広げるなどして，シュートの邪魔をしたり防いだりする。（攻めはゴールエリアには入れない，守りはゴールエリアでしか守れない）
・ボールが的に当たったりコートの外に出たり，守りがボールをとったりしたら，次の人が攻めを始める。

○相手チームを確認して，易しいゲームをする。

● 対戦をするチームと使用するコートを伝える。
● 安全に気を付けている様子を取り上げて，称賛する。

◆学習評価◆　主体的に学習に取り組む態度
⑤場の安全に気を付けている。

➡　ゲームを行う際に，危険物がないか，安全にゲームができるかなど，安全に気を付けている姿を評価する。（観察・学習カード）

◎安全に気を付けることに意欲的でない児童への配慮の例

➡　ゲームを始める前に，危険物がないか，みんなで一緒にコートを見るようにして，安全に気を付けることに意欲をもてるようにするなどの配慮をする。

● シュートができている様子と取り上げて，称賛する。

◎飛んでくるボールが苦手な児童への配慮の例

➡　ボールの勢いに怖さを感じる児童には，柔らかいボールを用いたり，速さの出にくい軽いボールを用いたりするなどの配慮をする。

5分

7　本時を振り返り，次時への見通しをもつ

本時の振り返り
・ゲームをして楽しかったことを，発表したり書いたりしましょう。
・安全のために気を付けたことを，発表したり書いたりしましょう。
・単元の学習で楽しみたいことやできるようになりたいことなど，自己のめあてを書きましょう。

○振り返りを発表して，友達に伝える。

● 振り返りを発表したり学習カードに記入したりするように伝えるとともに，気付きや考えのよさを取り上げて，称賛する。

8　整理運動，場や用具の片付けをする

● 整理運動の行い方について，実際に動いて示しながら説明するとともに，けががないかなどを確認する。

9　集合，健康観察，挨拶をする

本時の目標と展開②（2／8時間）

本時の目標

(1) シュートゲームの行い方を知ることができるようにする。
(2) 簡単な遊び方を選ぶことができるようにする。
(3) 用具等の準備や片付けを，友達と一緒にすることができるようにする。

本時の展開

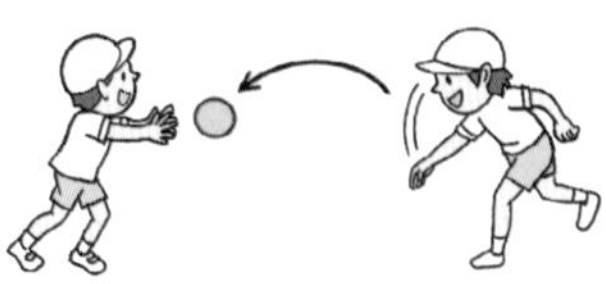

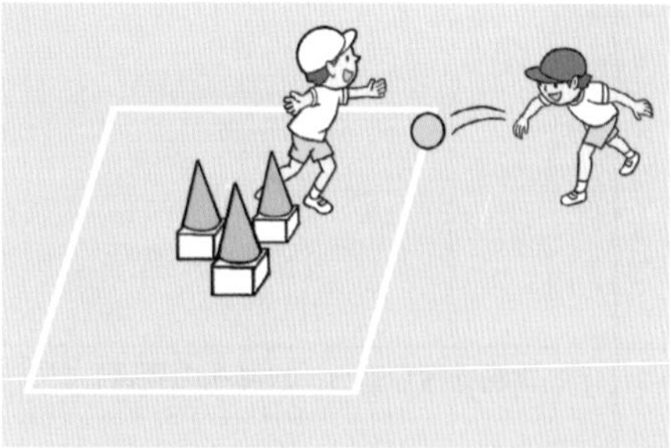

時　間	学習内容・活動	指導上の留意点
10 分	1　集合，挨拶，健康観察をする 2　本時のねらいを知り，めあてを立てる **規則を工夫して，いろいろなチームとゲームをしよう** ○本時のねらいを知り，自己のめあてを立てる。 3　場や用具の準備をする 　○みんなで協力して，準備をする。 4　準備運動をする 　○みんなで準備運動をする。	●学習カードを配り，立てためあてを記入するように伝える。 ●安全な準備の仕方を確認する。 ◆学習評価◆　主体的に学習に取り組む態度 ④用具等の準備や片付けを，友達と一緒にしようとしている。 ➡　準備や片付けの際に，用具を運んだり，配置したりすることを友達と一緒にしようとしている姿を評価する。（観察・学習カード） ◎準備や片付けを友達と一緒にすることに意欲的でない児童への配慮の例 ➡　教師や同じチームの児童が活動に誘う声をかけたり，友達を見て真似をしながら一緒の活動をするように促したりするなどの配慮をする。 ●けがの防止のために適切な準備運動を行うように，実際に動いて示しながら伝える。
10 分	5　ゲームにつながる運動遊びをする 　○チームでゲームにつながる運動遊びをする。 ゲームにつながる運動遊びの例 ○ボール操作に慣れる運動遊び ・キャッチをする目標を決め，ボールを投げ目標の場所でキャッチする。 ○二人組でパス・パスキャッチ ・相手が捕りやすいパスをする。 ○的当てゲーム（守りあり） ・ゴールエリアで守る友達をかわして，的をねらってシュートをする。 チームの友達と仲よく運動をして，ボール操作に慣れることができるようにしましょう。 ○友達のよい動きを見付けたり考えたりしたことを伝える。	●全員が簡単なボール操作と攻めや守りの動きに慣れることができるように，十分な時間を確保する。 ●見付けたり考えたりしたことを伝えていることを取り上げて，称賛する。

20分

全てのチームとゲームをする
相手チームを替えてゲームをして，２～４時間で全てのチームと対戦できるようにする

6　ゲームをする

○シュートゲームの簡単な規則の工夫の仕方を知る。

● シュートゲームの簡単な規則の工夫の仕方について，場を示したり実際に動いて示したりしながら説明する。

シュートゲームの規則の工夫の仕方の例

○攻める側の人数が守る側の人数を上回るゲーム

・６分のゲーム（前半・後半に分けずに続けて６分）
・チームから４人がゲームに出る。そのうち二人は，攻め側のコートだけでプレイをする。（守りは別の二人が行う）
・ボールを持ったら，そのまま走って運んだり，味方にパスをしたりして，的に向かって進む。攻め側はゴールエリアには入れないので，ゴールエリアの外からシュートをする。守り側の二人は，ゴールエリア内でしか守れないので，急いでゴールエリアに戻って的を守る。攻め側のコートに残る二人は，守りの応援やアドバイスをする。
・ボールが的に当たったりコートの外に出たり，ゴールエリアの守りがボールをとったりしたら，攻守が入れ替わる。

○相手チームを決め，規則を選んでゲーム１をする。（６分程度のゲーム）

● ゲーム１の対戦をするチームと使用するコートを伝える。

◎ゲームの行い方が分からず意欲的でない児童への配慮の例

➡　ゲーム中に何をすればよいのか，行い方や課題を絵図で説明したり，活動内容を掲示したりするなどの配慮をする。

○ゲーム１を振り返り，選んだ規則について考えたことを伝える。

○相手チームを替え，規則を選んでゲーム２をする。（６分程度のゲーム）

● ゲーム２の対戦をするチームと使用するコートを伝える。

5分

7　本時を振り返り，次時への見通しをもつ

本時の振り返り
・ゲーム１・ゲーム２の相手チームとゲーム結果を書きましょう。
・選んで楽しかったゲームの規則を，発表したり書いたりしましょう。

○振り返りを発表して，友達に伝える。

● 振り返りを学習カードに記入するように伝えるとともに，気付きや考えのよさを取り上げて，称賛する。

◆学習評価◆　知識・技能
①ボールゲーム（シュートゲーム）の行い方について，言ったり実際に動いたりしている。

➡　簡単なボール操作と攻めや守りの動きによるシュートゲームの行い方について，発表したり実際に動いたり学習カードに記入したりしていることを評価する。（観察・学習カード）

◎ボールゲーム（シュートゲーム）の行い方を知ることが苦手な児童への配慮の例

➡　個別に関わり，シュートゲームの行い方のポイントについて対話をしながら確認したり，自己や友達のよい動きを思い起こしたりするなどの配慮をする。

8　整理運動，場や用具の片付けをする

● 適切な整理運動を行うように，実際に動いて示しながら伝えるとともに，けががないかなどを確認する。

9　集合，健康観察，挨拶をする

本時の目標と展開③（6／8時間）

本時の目標

(1) 簡単なボール操作（投げる，捕るなど）によって，ゲームをして遊ぶことができるようにする。
(2) 友達のよい動きを見付けたり考えたりしたことを友達に伝えることができるようにする。
(3) ボールゲーム（シュートゲーム）に進んで取り組むことができるようにする。

本時の展開

時 間	学習内容・活動	指導上の留意点
10 分	1 集合，挨拶，健康観察をする 2 本時のねらいを知り，めあてを立てる **攻め方を選んでゲームをしよう** ○本時のねらいを知り，自己のめあてを立てる。 3 場や用具の準備をする ○みんなで協力して，準備をする。 4 準備運動をする ○みんなで準備運動をする。	 ● 学習カードを配り，立てためあてを記入するように伝える。 ● 安全な準備の仕方を確認する。 ● けがの防止のために適切な準備運動を行うように，実際に動いて示しながら一緒に行いながら伝える。
10 分	5 ゲームにつながる運動遊びをする ○チームでゲームにつながる運動遊びをする。 ゲームにつながる運動遊びの例 ○四人組でパス・パスキャッチ　　　　　　　○的当てゲーム（攻め二人・守り二人） ・声をかけ合いながら，いろいろな方向にパスをする。　　　　　・ゴールエリアで守る友達をかわしたり，一緒に攻める友達にパスをしたりして，シュートをする。 ○友達のよい動きを見付けたり考えたりしたことを伝える。	● 各チームの取組を観察し，必要に応じて運動遊びの行い方について実際に動いて示しながら説明する。 ◎**動きが分からず運動に意欲的でない児童への配慮の例** ➡ 動きをゆっくりと示したり，教師が一緒にそのチームに入って運動遊びをしたりするなどの配慮をする。 ● 見付けたり考えたりしたことを伝えていることを取り上げて，称賛する。 ◆**学習評価◆　思考・判断・表現** ②**友達のよい動きを見付けたり考えたりしたことを友達に伝えている。** ➡ ゲームやゲームにつながる運動遊びなどで，友達をよい動きを見付けたり考えたりしたことを，友達に伝えている姿を評価する。（観察・学習カード） ◎**見付けたり考えたりしたことを伝えることが苦手な児童への配慮の例** ➡ 個別に関わり，見付けたり考えたりしたことを聞き取って友達に伝えることを支援したり，友達と二人で伝え合う場面を設けたりするなどの配慮をする。

20分

相手チームを決めてゲームをする
5～7時間は1時間で対戦する相手チームは替えずに，攻め方を選んでゲームをする。

6　ゲームをする
○本時の相手チームを決める。
○シュートゲームの攻め方を知る。

● 対戦をするチームと使用するコートを伝える。
● シュートゲームの攻め方について，場を示したり実際に動いて示したりしながら説明する。

シュートゲームの攻め方の例

○となりにパス作戦

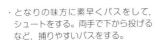

・となりの味方に素早くパスをして，シュートをする。両手で下から投げるなど，捕りやすいパスをする。

○向こう側にパス作戦

・守りがいない向こう側の味方にパスをしてシュートをする。守りに捕られないように山なりのパスをする。

○ゴール前にパス作戦

・守りがゴールエリアに戻る前にゴールの近くにいる味方にパスをしてシュートをする。

◎攻め方を選ぶことが苦手な児童やチームへの配慮の例
➡　友達が選んだ攻め方を試したり，チームのみんなができる攻め方を相談して決めたりするなどの配慮をする。

○みんなでゲーム1を振り返り，見付けたり考えたりしたことを伝える。

● 見付けたり考えたりしたことを伝えていることを取り上げて，称賛する。

○必要に応じて攻め方を選び直すなど，チームの攻め方を確認して，ゲーム2をする。（6分程度のゲーム）

◆学習評価◆　知識・技能
②簡単なボール操作（投げる，捕るなど）によって，ゲームをして遊ぶことができる。
➡　ゴールに向かってボールを投げたり，飛んできたボールを捕ったりする簡単なボール操作によって，易しいゲームをして遊んでいる姿を評価する。（観察・学習カード）

◎ゲーム中にボールを投げたり，捕ったりすることが苦手な児童への配慮の例
➡　柔らかいボールや空気を少し抜いたボールを用いるなどの配慮をする。
➡　安全地帯などの場の設定を工夫して，ゲーム中でも焦らず安心して投げたり捕ったりすることができるようにするなどの配慮をする。

5分

7　本時を振り返り，次時への見通しをもつ

本時の振り返り
・相手チームとゲーム1・ゲーム2の結果を書きましょう。
・友達のよい動きを見付けたり考えたりしたことを，発表したり書いたりしましょう。

○振り返りを発表して，友達に伝える。

● 振り返りを学習カードに記入するように伝えるとともに，気付きや考えのよさを取り上げて，称賛する。

◎勝てないためにゲームに意欲的でない児童への配慮の例
➡　個別に関わり，勝敗を受け入れることが大切であることを伝えたり，自己やチームに適した攻め方について支援したりするなどの配慮をする。

8　整理運動，場や用具の片付けをする

● 適切な整理運動を行うように，実際に動いて示しながら説明するとともに，けががないかなどを確認する。

9　集合，健康観察，挨拶をする

本時の目標と展開④（8／8時間）

本時の目標

(1) 簡単なボールを持たない動き（ボールが飛んでくるコースに入る，ボールを操作できる位置に動くなど）によって，ゲームをして遊ぶことができるようにする。
(2) 友達のよい動きを見付けたり考えたりしたことを友達に伝えている。
(3) ボールゲーム（シュートゲーム）に進んで取り組むことができるようにする。

本時の展開

時間	学習内容・活動	指導上の留意点
15分	1　**集合，挨拶，健康観察をする** 2　**本時のねらいを知り，めあてを立てる**	
	シュートゲーム大会で楽しくゲームをして，学習のまとめをしよう	
	○本時のねらいを知り，自己のめあてを立てる。	●学習カードを配り，立てためあてを記入するように伝える。
	3　**場や用具の準備をする** ○みんなで協力して，準備をする。	●安全な準備の仕方を確認する。
	4　**準備運動をする** ○みんなで準備運動をする。	●けがの防止のために適切な準備運動を行うように，実際に動いて示しながら伝える。
	5　**ゲームにつながる運動遊びをする** ○チームでゲームにつながる運動遊びをする。	●チームで行いたい運動遊びを選ぶように伝える。
20分	6　**シュートゲーム大会をする** ○シュートゲーム大会の行い方を知る。	●シュートゲーム大会の行い方を説明する。
	シュートゲーム大会の行い方やきまり ・各チーム３回ゲームをします。楽しくできる攻め方を選んで，ゲームをしましょう。 ・全員が楽しくゲームができるように，元気よく気持ちのよい応援をしましょう。 	
	○相手チームを確認して，攻め方を選んでゲーム１をする。（６分程度のゲーム）	●各ゲームを始める前に，対戦をするチームと使用するコートを伝える。
	○相手チームを確認して，攻め方を選んでゲーム２をする。（６分程度のゲーム）	**◆学習評価◆　主体的に学習に取り組む態度** **①ボールゲーム（シュートゲーム）に進んで取り組もうとしている。** ➡　シュートゲームのゲームやゲームにつながる運動遊び，友達と考えを伝え合うことなどに進んで取り組もうとしている姿を評価する。（観察・学習カード）
	○相手チームを確認して，攻め方を選んでゲーム３をする。（６分程度のゲーム）	
	○友達のよい動きを見付けたり考えたりしたことを伝える。	●見付けたり考えたりしたことを伝えていることを取り上げて，称賛する。
10分	7　**単元を振り返り，学習のまとめをする**	
	単元の学習の振り返り ・単元の学習で楽しかったことやできるようになったことを，発表したり書いたりしましょう。 ・学習したことで，今後も取り組んでいきたいとことを，発表したり書いたりしましょう。 	
	○振り返りを発表して，友達に伝える。	●振り返りを学習カードに記入するように伝えるとともに，気付きや考えのよさを取り上げて，称賛する。
	8　**整理運動，場や用具の片付けをする**	●適切な整理運動を行うように，実際に動いて示しながら伝えるとともに，けがないかなどを確認する。
	9　**集合，健康観察，挨拶をする**	

2学年間にわたって取り扱う場合

【第1学年における指導と評価の計画（ボールゲーム「的当てゲーム」）】

時間		1	2	3	4	5	6	7	8
ねらい		学習の見通しをもつ	的当てゲームの行い方を知り，簡単な規則を工夫して，みんなで楽しくゲームをする			攻め方を選んでみんなで楽しくゲームをする			学習のまとめをする
学習活動		**オリエンテーション** **○学習の見通しをもつ** ・学習の進め方 ・学習のきまり **○的当てゲーム** みんなで的をねらってボールを投げたり転がしたりして遊ぶ	**的当てゲーム チームでゲームをする** **○ゲームにつながる運動遊び** ・ボール操作に慣れる運動遊び ・的をねらって投げる運動遊び **○ゲームをする** ・ねらう的や距離を選ぶ ・使うボールや得点の規則を選ぶ			**的当てゲーム 相手チームを決めてゲームをする** **○ゲームにつながる運動遊び** ・ボール操作に慣れる運動遊び ・的をねらったり守ったりする運動遊び **○ゲームをする** ・攻守に分かれてゲーム１をする ・ゲーム１を振り返り，攻め方を選ぶ ・攻守に分かれてゲーム２をする			**学習のまとめ** **○的当てゲーム大会** いろいろなチームとゲームをする **○学習のまとめをする**
評価の重点	知識・技能		① 観察・学習カード					② 観察	③ 観察
	思考・判断・表現				① 観察・学習カード		② 観察・学習カード		
	主体的に学習に取り組む態度	⑥ 観察・学習カード		② 観察・学習カード		③ 観察・学習カード			① 観察・学習カード

●評価規準のゲームは「的当てゲーム」とする。

【幼児期の運動遊びとの円滑な接続を図るための工夫（例）】

● 「簡単なボール操作と攻めや守りの動きによって，易しいゲームをする」ために

幼児期の運動遊びの経験や発達の段階により，低学年での児童は，ボールを投げたり転がしたりして遊ぶことを楽しみます。その一方で，投げたいところに投げることが苦手だったり，ボールが飛んでくることに恐怖心があったりする児童がいる場合があります。

そのため低学年のはじめでは，「的当てゲーム」で，一人一球のボールを持って，ねらう的や距離を選んでボールを投げたり転がしたりするゲームをしたり，的をねらうチームと的を守るチームを分けて交代しながら行うゲームをしたりして，簡単なボール操作と攻めや守りの動きによって，易しいゲームを楽しむことができるようにしましょう。

(例) ねらう的や距離を選んでボールを投げたり転がしたりするゲーム
- ・大小の段ボール箱や三角コーンなどを用意し，いろいろな距離で並べたり積み重ねたりして的にする。
- ・的や距離ごとの点数や，当てたときと倒すことができたときの点数の違いなど得点の規則をみんなで工夫する。

(例) 的をねらうチームと的を守るチームを分けて交代しながら行うゲーム
- ・攻守を交代して行うことで，攻めの動きと守りの動きを分けて行うことができるようにする。
- ・守りをかわして的をねらう攻め方を工夫する。

【第1学年において重点を置いて指導する内容（例）】

● **知識及び技能**

簡単なボール操作は，ボールをねらったところに投げたり転がしたりすることができるようにしましょう。攻めや守りなどの簡単なボールを持たない動きは，コートの中をボールの動きに合わせて移動することができるようにしましょう。

● **思考力，判断力，表現力等**

規則の工夫は，自己が楽しくできる的や距離を選んで遊ぶことや，ゲームでの得点の規則をみんなで工夫することができるようにしましょう。攻め方の工夫は，味方の動きと相手の動きを見て，守りをかわして的をねらうなど攻め方を選ぶことができるようにしましょう。

● **学びに向かう力，人間性等**

運動遊びをする際に，順番やきまりを守り，誰とでも仲よくしたり，ゲームで勝っても負けても結果を受け入れたりすることができるようにしましょう。また，危険物がないか，安全にゲームができるかなど場の安全に気を付けることができるようにしましょう。

E ゲーム

鬼遊び「宝取り鬼」

鬼遊びは，一定の区域で逃げる，追いかける，陣地を取り合うなどをして遊ぶ楽しさに触れることができる運動遊びです。本単元例は，宝取り鬼を取り上げて，単元前半は規則を選んでゲームをする時間，単元後半は攻め方を選んでゲームをする時間を設定することで，簡単な遊び方を工夫することにより，身に付けた逃げる，追いかけるなどの動きでゲームをして楽しく遊ぶことができる授業を展開するようにしています。

単元の目標

(1) 鬼遊び（宝取り鬼）の行い方を知るとともに，一定の区域で，逃げる，追いかける，陣地に走り込むなどの動きによって，易しいゲームをして遊ぶことができるようにする。
(2) 簡単な規則を工夫したり，攻め方を選んだりするとともに，考えたことを友達に伝えることができるようにする。
(3) 鬼遊び（宝取り鬼）に進んで取り組み，規則を守り誰とでも仲よく運動をしたり，勝敗を受け入れたり，場や用具の安全に気を付けたりすることができるようにする。

指導と評価の計画（8時間）

時間		1	2	3	4
ねらい		学習の見通しをもつ	宝取り鬼の行い方を知り， 簡単な規則を工夫してみんなで楽しく遊ぶ		
学習活動		**オリエンテーション** 1　集合，挨拶，健康観察をする 2　単元の学習の見通しをもつ ○単元の目標と学習の進め方を知る。 ○チームを確認する。 ○学習のきまりを知る。 3　本時のねらいを知り，めあてを立てる 4　場や用具の準備をする ○場や用具の準備と片付けの仕方を知る。 5　準備運動，ゲームにつながる運動遊びをする ○準備運動，ゲームにつながる運動遊びの行い方を知る。 6　ゲームをする ○易しいゲームの行い方を知る。 ○相手チームを確認して，ゲームをする。	1　集合，挨拶，健康観察をする　2　本時のねらいを知り， 4　準備運動をする 5　ゲームにつながる運動遊びをする **全てのチームとゲームをする** （相手チームを替えて，1時間に2ゲーム） 6　ゲームをする ○宝取り鬼の規則の工夫の仕方を知る。 ○相手チームを決め，規則を選んでゲームをする。 ○チームでゲーム1を振り返り，選んだ規則について考えたことを伝える。 ○相手チームを替え，規則を選んでゲーム2をする。		
		7　本時を振り返り，次時への見通しをもつ　8　整理運動，場や用具の片付けをする			
評価の重点	知識・技能		① 観察・学習カード		
	思考・判断・表現			① 観察・学習カード	
	主体的に学習に取り組む態度	⑤ 観察・学習カード			③ 観察・学習カード

単元の評価規準

知識・技能	思考・判断・表現	主体的に学習に取り組む態度
①鬼遊び（宝取り鬼）の行い方について，言ったり実際に動いたりしている。 ②簡単な規則で鬼遊びをしたり，工夫した区域や用具で鬼遊びをしたりして遊ぶことができる。	①簡単な遊び方を選んでいる。 ②友達のよい動きを見付けたり，考えたりしたことを友達に伝えている。	①鬼遊び（宝取り鬼）に進んで取り組もうとしている。 ②順番や規則を守り，誰とでも仲よくしようとしている。 ③勝敗を受け入れようとしている。 ④用具等の準備や片付けを，友達と一緒にしようとしている。 ⑤場の安全に気を付けている。

5	6	7	8
攻め方を選んでみんなで楽しく遊ぶ			学習のまとめをする
めあてを立てる　3　場や用具の準備をする			
相手チームを決めてゲームをする （相手チームを替えずに，１時間に２ゲーム） 6　ゲームをする ○宝取り鬼の攻め方を知る。 ○チームで攻め方を選んで，ゲーム１をする。 ○チームでゲーム１を振り返り，選んだ攻め方について考えたことを伝える。 ○チームで選んだ攻め方を確認して，ゲーム２をする。 9　集合，健康観察，挨拶をする			学習のまとめ **宝取り鬼大会をする** （相手チームを替えて３ゲーム） 6　宝取り鬼大会をする 6　単元を振り返り，学習のまとめをする 7　整理運動，場や用具の片付けをする 8　集合，健康観察，挨拶をする
		② 観察	
	② 観察・学習カード		
④ 観察・学習カード	② 観察・学習カード		① 観察・学習カード

本時の目標と展開①（1／8時間）

本時の目標

(1) 鬼遊び（宝取り鬼）の行い方を知ることができるようにする。
(2) 簡単な遊び方を選ぶことができるようにする。
(3) 場の安全に気を付けることができるようにする。

本時の展開

時間	学習内容・活動	指導上の留意点
5分	1　**集合，挨拶，健康観察をする** 2　**単元の学習の見通しをもつ** ○単元の目標と学習の進め方を知る。 ○チームを確認する。 ○学習のきまりを知る。	●掲示物を活用するなどしながら，分かりやすく説明する。 ●どのチームも同じくらいの力になるように配慮して，五人を基本としたチームを事前に決めておく。
	学習のきまりの例 ・用具は正しく使いましょう。 ・安全に気を付けて遊びましょう。 ・誰とでも仲よく遊び，勝敗は受け入れましょう。 ・準備や片付けは，友達と一緒にしましょう。	
	3　**本時のねらいを知り，めあてを立てる** **宝取り鬼の学習の進め方を知り，学習の見通しをもとう** ○本時のねらいを知り，自己のめあてを立てる。	●学習カードを配り，使い方を説明する。
20分	4　**場や用具の準備をする** ○場や用具の準備と片付けの仕方を知る。 ○みんなで協力して，準備をする。	●安全な準備と片付けの仕方を説明する。 ●安全に気を付けている様子を取り上げて，称賛する。
	場や用具の準備と片付けのきまりの例 ・運動遊びをする場所に危険物がないか気を付けて，見付けたら先生に知らせましょう。 ・運動遊びに使う用具などは，友達と一緒に決まった場所から安全に気を付けて運びましょう。 ・安全に運動遊びができるように，服装などが整っているか，気を付けましょう。	
	5　**準備運動，ゲームにつながる運動遊びをする** ○準備運動，ゲームにつながる運動遊びの行い方を知る。 ○みんなで準備運動，ゲームにつながる運遊びをする。	●けがの防止のために適切な準備運動の行い方について，実際に動いて示しながら説明する。

準備運動の例

肩，腕，手首，腿，膝，ふくらはぎ，足首などをほぐす運動を行う。

ゲームにつながる運動遊びの例

○ねことねずみ

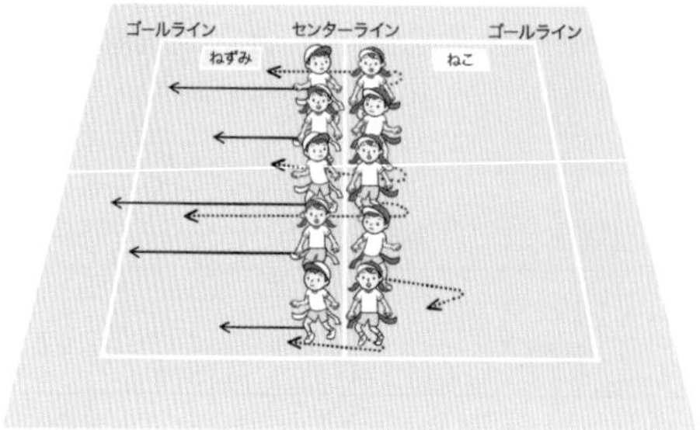

・二人組で，ねことねずみの役を決め，教師の合図でどちらかが鬼になり，逃げたり追いかけたりする。
・ゴールラインまでにマーク（タグやフラッグ）を取ることができるか，逃げられるかを楽しむ。

○チームでしっぽ取り遊び

・自己のマークは取られないようにしながら，１分間などの時間内に他の人のマークをたくさん取る。
・２つともマークを取られてしまっても，時間内は他の人のマークを取りに行くようにする。

15分

6 ゲームをする

○易しいゲームの行い方を知る。

- 易しいゲームの行い方について，場を示したり実際に動いて示したりしながら説明する。

宝取り鬼の易しいゲームの行い方の例

○攻めと守りを分け，攻める側が守りのゾーンを走り抜けて相手の陣地から宝を取るゲーム

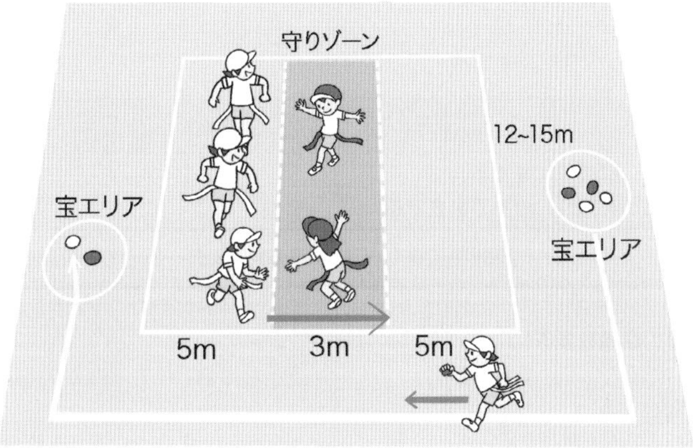

・コートの半分を使い，先攻２分・後攻２分の合計４分のゲームをする。（２分で攻守を交代する）
・攻めは全員が自己の陣地，守りは二人が守りゾーンに入る。（守りは２分の途中で交代する）
・攻めは，陣地から走り出し，マークを取られないように守りゾーンを走り抜けて，相手の陣地にある宝（紅白玉など）を取る。宝を自己の陣地まで持ち帰ったら，再び攻めを始める。（２分間繰り返す）
・守りは，守りゾーンの中で攻めの人のマークを取る。攻めは，マークを取られたら取られたマークを受け取り，自己の陣地に戻って再び攻めを開始する。
・攻めがコートの線から外に出てしまった場合は，自己の陣地に戻って再び攻めを開始する。
・持ち帰った宝の数で勝敗を競う。

○相手チームを確認して，易しいゲームをする。

- 対戦をするチームと使用するコートを伝える。
- 安全に気を付けている様子を取り上げて，称賛する。

◆学習評価◆ 主体的に学習に取り組む態度
⑤場の安全に気を付けている。

➡ ゲームを行う際に，危険物がないか，安全にゲームができるかなど，安全に気を付けている姿を評価する。（観察・学習カード）

◎安全に気を付けることに意欲的でない児童への配慮の例

➡ ゲームを始める前に，危険物がないか，みんなで一緒にコートを見るようにして，安全に気を付けることに意欲をもてるようにするなどの配慮をする。

- 守りをかわして走り抜けている様子を取り上げて，称賛する。

◎動きが分からず運動に意欲的でない児童への配慮の例

➡ 動きをゆっくりと示したり，教師が一緒にそのチームに入って運藤遊びをしたりするなどの配慮をする。

5分

7 本時を振り返り，次時への見通しをもつ

本時の振り返り
・ゲームをして楽しかったことを，発表したり書いたりしましょう。
・安全のために気を付けたことを，発表したり書いたりしましょう。
・単元の学習で楽しみたいことやできるようになりたいことなど，自己のめあてを書きましょう。

○振り返りを発表して，友達に伝える。

- 振り返りを発表したり学習カードに記入したりするように伝えるとともに，気付きや考えのよさを取り上げて，称賛する。

8 整理運動，場や用具の片付けをする

- 整理運動の行い方について，実際に動いて示しながら説明するとともに，けががないかなどを確認する。

9 集合，健康観察，挨拶をする

本時の目標と展開②（3／8時間）

本時の目標

(1) 簡単な規則で鬼遊びをしたり，工夫した区域や用具で鬼遊びをしたりして遊ぶことができるようにする。

(2) 簡単な遊び方を選ぶことができるようにする。

(3) 勝敗を受け入れることができるようにする。

本時の展開

時 間	学習内容・活動	指導上の留意点
10分	1 集合，挨拶，健康観察をする 2 本時のねらいを知り，めあてを立てる **規則を工夫して，いろいろなチームとゲームをしよう** ○本時のねらいを知り，自己のめあてを立てる。 3 場や用具の準備をする 　○みんなで協力して，準備をする。 4 準備運動をする 　○みんなで準備運動をする。	●学習カードを配り，立てためあてを記入するように伝える。 ●安全な準備の仕方を確認する。 ●けがの防止のために適切な準備運動の行い方について，実際に動いて示しながら伝える。
10分	5 ゲームにつながる運動遊びをする 　○チームでゲームにつながる運動遊びをする。 ゲームにつながる運動遊びの例 ○チーム対抗でのねことねずみ ・2チームでねことねずみをする。 ・マークを取られた人数と逃げ切れた人数を比べて勝敗を競う。 ○チーム対抗でしっぽ取り遊び ○チーム対抗でじゃんけんしっぽ取り遊び ・二人組みを作り，センターラインを挟んでじゃんけんをする。 ・じゃんけんで勝ったら自己の陣地まで逃げる。負けたら追いかけてマークを取る。 ・チームで取ることができたマークの合計で勝敗を競う。 ・コート内に2チームが入り，しっぽ取り遊びをする。 ・相手チームとマークを取り合い，チームで取ることができたマークの合計で勝敗を競う。 ○友達のよい動きを見付けたり考えたりしたことを伝える。	●全員が簡単なボール操作と攻めや守りの動きに慣れることができるように，十分な時間を確保する。 ●誰とでも仲よくしようとしている様子を取り上げて，称賛する。 **◎友達とうまく関われないために運動に意欲的でない児童への配慮の例** ➡ 対戦相手を替えたり，チーム編成を工夫したりするなどの配慮をする。 ●見付けたり考えたりしたことを伝えていることを取り上げて，称賛する。

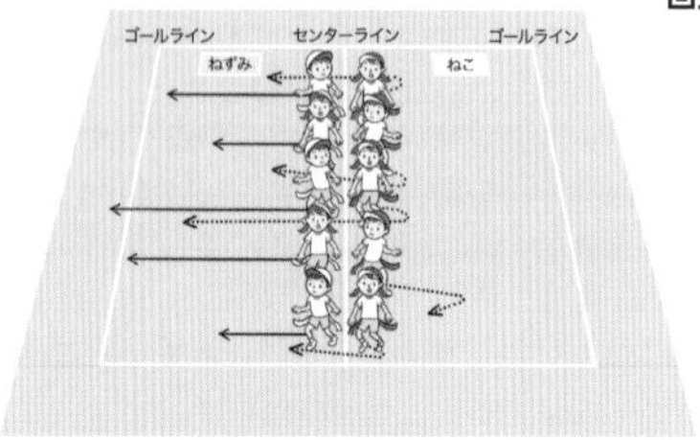

全てのチームとゲームをする

相手チームを替えてゲームをして，2～4時間で全てのチームと対戦できるようにする

20分

6　ゲームをする

○宝取り鬼の簡単な規則の工夫の仕方を知る。

● 宝取り鬼の簡単な規則の工夫の仕方について，場を示したり実際に動いて示したりしながら説明する。

宝取り鬼の規則の工夫の仕方の例

○守りゾーンを２箇所にすることで，攻める側の人数が守る側の人数を上回る場面をつくるゲーム

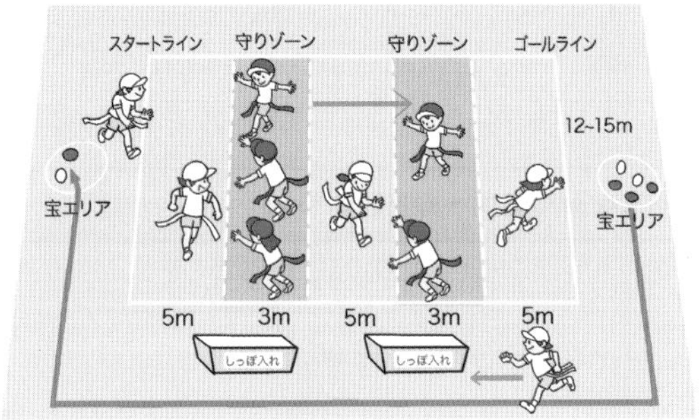

・先攻３分・後攻３分の合計６分のゲームをする。（３分で攻守を交代する）
・攻めは全員が自己の陣地，守りは２箇所の守りゾーンに二人と三人に分かれて入る。
・１時間目と同じ規則でゲームをして勝敗を競う。

○規則の工夫

・守りゾーンやコートの外に安全地帯をつくる。

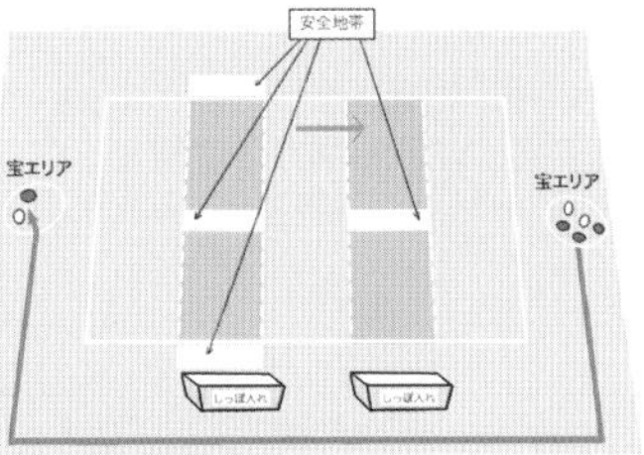

・守りゾーンを増やして，１箇所の守りを２人までにする。

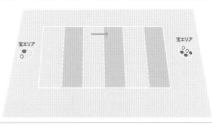

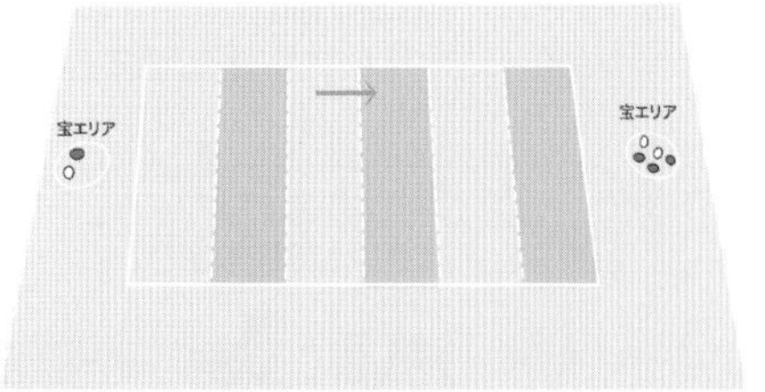

○相手チームを決め，規則を選んでゲーム１をする。（６分程度のゲーム）

● ゲーム１の対戦をするチームと使用するコートを伝える。

◆学習評価◆　思考・判断・表現
①簡単な遊び方を選んでいる。

➡ 簡単な遊び方の規則の中から，楽しく鬼遊びができる場や得点の方法など，自己に適した遊び方を選んでいる姿を評価する。（観察・学習カード）

◎簡単な遊び方を選ぶことが苦手な児童への配慮の例

➡ 他のチームが楽しんでいる行い方を試したり，勝敗にこだわり過ぎずにみんなが楽しめる規則にしようとしたりして楽しく遊ぶことができる遊び方を見付けるようにするなどの配慮をする。

○ゲーム１を振り返り，選んだ規則について考えたことを伝える。

● 考えたことを伝えていることを取り上げて，称賛する。

○相手チームを替え，規則を選んでゲーム２をする。（６分程度のゲーム）

● ゲーム２の対戦をするチームと使用するコートを伝える。

5分

7　本時を振り返り，次時への見通しをもつ

本時の振り返り
・ゲーム１・ゲーム２の相手チームとゲーム結果を書きましょう。
・選んで楽しかったゲームの規則を，発表したり書いたりしましょう。

○振り返りを発表して，友達に伝える。

● 振り返りを学習カードに記入するように伝えるとともに，気付きや考えのよさを取り上げて，称賛する。

8　整理運動，場や用具の片付けをする

● 適切な整理運動を行うように，実際に動いて示しながら伝えるとともに，けががないかなどを確認する。

9　集合，健康観察，挨拶をする

本時の目標と展開③（6／8時間）

本時の目標

(1) 簡単な規則で鬼遊びをしたり，工夫した区域や用具で鬼遊びをしたりして遊ぶことができるようにする。
(2) 友達のよい動きを見付けたり考えたりしたことを友達に伝えることができるようにする。
(3) 順番や規則を守り，誰とでも仲よくすることができるようにする。

本時の展開

時間	学習内容・活動	指導上の留意点
10分	1　集合，挨拶，健康観察をする 2　本時のねらいを知り，めあてを立てる **攻め方を選んでゲームをしよう** ○本時のねらいを知り，自己のめあてを立てる。 3　場や用具の準備をする ○みんなで協力して，準備をする。 4　準備運動をする ○みんなで準備運動をする。	●学習カードを配り，立てためあてを記入するように伝える。 ●安全な準備の仕方を確認する。 ●けがの防止のために適切な準備運動を行うように，実際に動いて示しながら伝える。
10分	5　ゲームにつながる運動遊びをする ○チームでゲームにつながる運動遊びをする。	●各チームの取組を観察し，必要に応じて運動遊びの行い方について実際に動いて示しながら説明する。
	ゲームにつながる運動遊びの例 ○チーム対抗でしっぽ取り遊び  ・取られなかったことも得点にするなど，遊び方を工夫する。 ・相手チームを選んで，勝敗を競う。	○チーム対抗でじゃんけんしっぽ取り遊び（走り抜け） 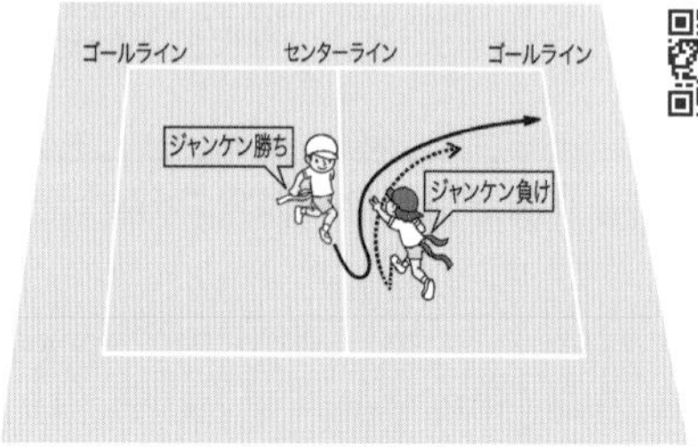 ・じゃんけんで勝ったら相手をかわして相手の陣地まで逃げる。負けたら相手を逃がさないようにしてマークを取る。 ・相手チームを選んで，勝敗を競う。
	○友達のよい動きを見付けたり考えたりしたことを伝える。	●順番やきまりを守ろうとしている様子を取り上げて，称賛する。 **◆学習評価◆　主体的に学習に取り組む態度** **②順番や規則を守り，誰とでも仲よくしようとしている。** ➡　ゲームやゲームにつながる運動遊びなどをする際に，順番や規則を守り，誰とでも仲よくしようとしている姿を評価する。（観察・学習カード） **◎順番や規則を守ることに意欲的でない児童への配慮の例** ➡　個別に関わり，順番や規則を守ることが楽しく遊ぶことができることにつながっている場面を見付けることを支援し，順番や規則を守ることが大切であることに気付くことができるようにするなどの配慮をする。 ➡　場の設定や規則が難しいなどで意欲的に取り組めない児童には，場の設定や規則を易しくして取り組みやすくするなどの配慮をする。 ●見付けたり考えたりしたことを伝えていることを取り上げて，称賛する。

相手チームを決めてゲームをする 5〜7時間は1時間で対戦する相手チームは変えずに，攻め方を選んでゲームをする。	
20 分	6　ゲームをする ○本時の相手チームを決める。 ○宝取り鬼の攻め方を知る。	● 対戦をするチームと使用するコートを伝える。 ● 宝取り鬼の攻め方について，場を示したり実際に動いて示したりしながら説明する。

宝取り鬼の攻め方の例
○鬼を引き付ける作戦　　　○一斉に走り抜ける作戦　　　○鬼を惑わす作戦

・一人が鬼と鬼の間をすり抜けるように守りゾーンに走り込む。
・鬼がその動きにつられることでできた隙をついて走り抜ける。

・数人が同時に守りゾーンに走り込むことで，鬼にねらいをしぼらせないようにする。

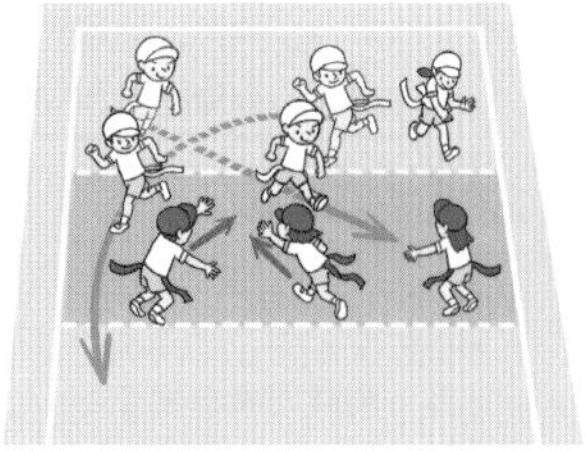

・斜めに守りゾーンに走り込むことで，横に並んでいた鬼の守り方を崩すようにする。

◎**攻め方を選ぶことが苦手な児童やチームへの配慮の例**
➡　友達が選んだ攻め方を試したり，チームのみんなができる攻め方を相談して決めたりするなどの配慮をする。

○みんなでゲーム1を振り返り，見付けたよい動きについて，伝え合う。

● 見付けたことを伝え合う様子を取り上げて，称賛する。

◆**学習評価◆　思考・判断・表現**
②**友達のよい動きを見付けたり考えたりしたことを友達に伝えている。**
➡　ゲームやゲームにつながる運動遊びなどで，友達をよい動きを見付けたり考えたりしたことを，友達に伝えている姿を評価する。（観察・学習カード）

○必要に応じて攻め方を選び直すなど，チームの攻め方を確認して，ゲーム2をする。（6分程度のゲーム）

◎**見付けたり考えたりしたことを伝えることが苦手な児童への配慮の例**
➡　個別に関わり，見付けたり考えたりしたことを聞き取って友達に伝えることを支援したり，友達と二人で伝え合う場面を設けたりするなどの配慮をする。

5 分	7　**本時を振り返り，次時への見通しをもつ**	

本時の振り返り
・相手チームとゲーム1・ゲーム2の結果を書きましょう。
・友達のよい動きを見付けたり考えたりしたことを，発表したり書いたりしましょう。

○振り返りを発表して，友達に伝える。

● 振り返りを学習カードに記入するように伝えるとともに，気付きや考えのよさを取り上げて，称賛する。

◎**勝てないためにゲームに意欲的でない児童への配慮の例**
➡　個別に関わり，勝敗を受け入れることが大切であることを伝えたり，自己やチームに適した攻め方について支援したりするなどの配慮をする。

8　**整理運動，場や用具の片付けをする**

● 適切な整理運動を行うように，実際に動いて示しながら伝えるとともに，けががないかなどを確認する。

9　**集合，健康観察，挨拶をする**

本時の目標と展開④（8／8時間）

本時の目標

(1) 簡単な規則で鬼遊びをしたり，工夫した区域や用具で鬼遊びをしたりして遊ぶことができるようにする。
(2) 友達のよい動きを見付けたり考えたりしたことを友達に伝えている。
(3) 鬼遊び（宝取り鬼）に進んで取り組むことができるようにする。

本時の展開

時間	学習内容・活動	指導上の留意点
15分	1　**集合，挨拶，健康観察をする** 2　**本時のねらいを知り，めあてを立てる**	
	宝取り鬼大会で楽しくゲームをして，学習のまとめをしよう	
	○本時のねらいを知り，自己のめあてを立てる。	●学習カードを配り，立てためあてを記入するように伝える。
	3　**用具の準備をする** ○みんなで協力して，準備をする。	●安全な準備の仕方を確認する。
	4　**準備運動をする** ○みんなで準備運動をする。	●けがの防止のために適切な準備運動の行い方について，実際に動いて示しながら伝える。
	5　**ゲームにつながる運動遊びをする** ○チームでゲームにつながる運動遊びをする。	●チームで行いたい運動遊びを選ぶように伝える。
20分	6　**宝取り鬼大会をする** ○宝取り鬼大会の行い方を知る。	●宝取り鬼大会の行い方を説明する。
	宝取り鬼大会の行い方やきまり ・各チーム３回ゲームをします。楽しくできる攻め方を選んで，ゲームをしましょう。 ・全員が楽しくゲームができるように，元気よく気持ちのよい応援をしましょう。	
	○相手チームを確認して，攻め方を選んでゲーム１をする。（６分程度のゲーム）	●各ゲームを始める前に，対戦をするチームと使用するコートを伝える。
	○相手チームを確認して，攻め方を選んでゲーム２をする。（６分程度のゲーム）	**◆学習評価◆　主体的に学習に取り組む態度** **①鬼遊び（宝取り鬼）に進んで取り組もうとしている。** ➡　宝取り鬼のゲームやゲームにつながる運動遊び，友達と考えを伝え合うことなどに進んで取り組もうとしている姿を評価する。（観察・学習カード）
	○相手チームを確認して，攻め方を選んでゲーム３をする。（６分程度のゲーム）	
	○友達のよい動きを見付けたり考えたりしたことを伝える。	●見付けたり考えたりしたことを伝えていることを取り上げて，称賛する。
10分	7　**単元を振り返り，学習のまとめをする**	
	単元の学習の振り返り ・単元の学習で楽しかったことやできるようになったことを，発表したり書いたりしましょう。 ・学習したことで，今後も取り組んでいきたいことを，発表したり書いたりしましょう。	
	○振り返りを発表して，友達に伝える。	●振り返りを学習カードに記入するように伝えるとともに，気付きや考えのよさを取り上げて，称賛する。
	8　**整理運動，場や用具の片付けをする**	●適切な整理運動を行うように，実際に動いて示しながら伝えるとともに，けががないかなどを確認する。
	9　**集合，健康観察，挨拶をする**	

2学年間にわたって取り扱う場合

【第1学年における指導と評価の計画（鬼遊び「いろいろな鬼遊び」）】

時間		1	2	3	4	5	6	7	8
ねらい		学習の見通しをもつ	いろいろな鬼遊びの行い方を知り，簡単な規則を工夫して，みんなで楽しく遊ぶ			チームでの鬼遊びの行い方を知り，簡単な規則を工夫して，みんなで楽しく遊ぶ			学習のまとめをする
学習活動		オリエンテーション ○学習の見通しをもつ ・学習の進め方 ・学習のきまり ○鬼遊び みんなで，知っている鬼遊びをして遊ぶ	いろいろな鬼遊び ○いろいろな鬼遊びをする ・一人鬼 ・手つなぎ鬼 ・子増やし鬼 ○鬼遊びや規則を選んで遊ぶ ・遊びたい鬼遊びを選んで遊ぶ ・鬼遊びの規則を選んで遊ぶ			チームでの鬼遊び ○いろいろなチームと鬼遊びをする 相手チームを決めて，チーム対抗での鬼遊びをする ○規則を選んで遊ぶ 規則を選んで，チーム対抗での鬼遊びをする			学習のまとめ ○鬼遊び大会 いろいろなチームとチーム対抗での鬼遊びをする ○学習のまとめをする
評価の重点	知識・技能				① 観察・学習カード			② 観察	
	思考・判断・表現					① 観察・学習カード	② 観察・学習カード		
	主体的に学習に取り組む態度	⑤ 観察・学習カード	③ 観察・学習カード	② 観察・学習カード					① 観察・学習カード

●評価規準の鬼遊びは，「いろいろな鬼遊び」とする。

【幼児期の運動遊びとの円滑な接続を図るための工夫（例）】

● **「一定の区域で逃げる，追いかけるなどの簡単な規則で鬼遊びをする」ために**

幼児期の運動遊びの経験や発達の段階により，低学年での児童は，友達と追いかけっこをして遊ぶことを楽しみます。その一方で，友達にすぐに捕まってしまったり，なかなか友達を捕まえることができなかったりして，逃げたり追いかけたりして遊ぶ楽しさに触れることができていない児童がいる場合があります。

そのため低学年のはじめでは，簡単な規則で行ういろいろな鬼遊びをして，逃げたり追いかけたりする動きを身に付けて楽しく遊ぶことができるようにしましょう。

(例) いろいろな鬼遊び
- ・一人鬼 … 一定の区域でグループで行うことで，次々に鬼が替わりながら楽しめるようにする。
- ・手つなぎ鬼 … 友達と一緒に追いかけることで，追いかけ方を相談したり工夫したりする。
- ・子増やし鬼 … みんなで逃げることやみんなで追いかけることを楽しめるようにする。
- ・チームでの鬼遊び …チーム対抗で，逃げる・追いかけるを交代しながら，時間内に逃げ切った人数を競って遊ぶ。

(例) 規則などを工夫して遊ぶ
- ・マーク（タグやフラッグ）を身に付けて取り合うようにする。　・安全地帯を設ける。
- ・時間を決めて鬼を交代する。　・遊ぶ区域の広さを工夫する。　など

【第1学年において重点を置いて指導する内容（例）】

● **知識及び技能**

逃げるときは，蛇行したり急に進方向を変えたりすることで相手をかわしながら走ることができるようにしましょう。追いかけるときは，相手の動きに合わせて追いかけたり，他の鬼と協力して逃げる相手を捕まえたりすることができるようにしましょう。

● **思考力，判断力，表現力等**

いろいろな鬼遊びの中から，自己が楽しく遊ぶことができる鬼遊びを選んで遊ぶことができるようにしましょう。また，鬼遊びの規則も，自己が楽しく遊ぶことができるものを選ぶことができるようにしましょう。

● **学びに向かう力，人間性等**

順番やきまりを守り，誰とでも仲よくしたり，鬼に捕まってしまっても，それを受け入れたりして楽しく遊ぶことができるようしましょう。また，危険物がないかなど場の安全に気を付けることができるようにしましょう。

F
表現リズム遊び

表現遊び「いきものランド」，リズム遊び

表現遊びは，身近な題材の特徴を捉え，全身で踊ること，リズム遊びは，軽快なリズムに乗って踊ることの楽しさに触れることができる運動遊びです。本単元例は，表現遊びは，特徴が捉えやすく多様な感じの動きを含む題材として「いきものランド」を取り上げるとともに，１時間の中にリズム遊びをして遊ぶ時間と表現遊びをして遊ぶ時間を設定することで，両方の遊びを豊かに体験しながら楽しく遊ぶことができる授業を展開するようにしています。

単元の目標

(1) 表現遊び，リズム遊びの行い方を知るとともに，題材「いきものランド」になりきって踊って遊ぶこと，リズムに乗って踊って遊ぶことができるようにする。
(2) 身近な題材の特徴を捉えて踊ったり，軽快なリズムに乗って踊ったりする簡単な踊り方を工夫するとともに，考えたことを友達に伝えることができるようにする。
(3) 表現遊び，リズム遊びに進んで取り組み，誰とでも仲よく踊ったり，場の安全に気を付けたりすることができるようにする。

指導と評価の計画（6時間）

時　間		1	2	3
ねらい		学習の見通しをもつ	表現遊びとリズム遊びの行い方を知	
学習活動		オリエンテーション 1　集合，挨拶，健康観察をする 2　単元の学習の見通しをもつ ○単元の目標と学習の進め方を知る。 ○学習のきまりを知る。 3　本時のねらいを知り，目標を立てる 4　場の準備をする ○場の準備や片付けの仕方を知る。 5　心と体をほぐす ○心と体をほぐす運動遊びの行い方を知る。 6　リズム遊び，表現遊び「いきものランド」をする ○「いきものランド」の題材の特徴を知り，表したい感じを二人組で即興的に踊る。	1　集合，挨拶，健康観察をする　2　本時のねらいを知り， 4　心と体をほぐす リズム遊び　5　リズム遊びをする ○リズム遊びの行い方を知る。 ○みんなで教師の踊りの真似をして， ○リズム遊びの行い方について知った 表現遊び　6 表現遊び「いきものランド」をする 【野原や森のいきもの】 ・蜜を集めたり強風に飛ばされたりするミツバチ ・獲物にゆっくり近付いたり戦ったりするカマキリ ・食べ物を探したり巣まで運んだりするアリ 【ジャングルのいきもの】 ・腹ぺこのピラニアが自分より大きな獲物を見付けた！ ・獲物にゆっくり近付くジャガー，その後… ・ゴリラが食べ物を探してうろうろ，きょろきょろ ○教師のリードで題材の特徴を捉えやすい場面を，そのもの ○題材のなりたいいきものを選び，いきものになりきって場 ○教師の「大変た！○○だ！」に合わせて，急変する場面を	
		7　本時を振り返り，次時への見通しをもつ　8　整理運動，場の片付けをする　9　集合，健		
評価の重点	知識・技能		② 観察・学習カード	① 観察・学習カード
	思考・判断・表現			
	主体的に学習に取り組む態度	④ 観察・学習カード	② 観察・学習カード	③ 観察・学習カード

単元の評価規準

知識・技能	思考・判断・表現	主体的に学習に取り組む態度
①表現遊びの行い方について，言ったり実際に動いたりしている。 ②リズム遊びの行い方について，言ったり実際に動いたりしている。 ③身近な題材の特徴を捉え，そのものになりきって全身で即興的に踊って遊ぶことができる。 ④軽快なリズムの音楽に乗って弾んで踊ったり，友達と調子を合わせたりして即興的に踊って遊ぶことができる。	①簡単な踊り方を工夫している。 ②よい動きを見付けたり，考えたりしたことを友達に伝えている。	①表現遊び，リズム遊びに進んで取り組もうとしている。 ②誰とでも仲よくしようとしている。 ③場の設定や用具の片付けを友達と一緒にしようとしている。 ④周りの安全に気を付けて踊っている。

4	5	6
り，簡単な踊り方を工夫してみんなで楽しく踊って遊ぶ		学習のまとめをする
目標を立てる　　3　場の準備をする		
リズムに乗って即興的に踊る。 ことを発表して，友達に伝える。 【大昔のいきもの】 ・卵から出てきた恐竜の赤ちゃんが初めてのきょうだいげんか ・大きな翼を広げていろんな場所に飛んでいくプテラノドン ・最強のティラノサウルスの戦い になりきって即興的に踊る。 を移動しながら，友達と関わって即興的に踊る。 即興的に踊る。 康観察，挨拶をする	【空想のいきもの】 ・長い龍が体をくねらせて雲の中から現れた！ ・ガシャガシャ踊る骨人間が踊り過ぎてガシャっと崩れる ・ぴょんぴょん跳ねてバサッと開くかさお化け	**学習のまとめ** **5 リズム遊びをする** ○楽しく踊ることができた曲をみんなで選んで，リズムに乗って即興的に踊る。 **6 表現遊び「いきものランド」をする** ○気に入った題材といきものを選んで，即興的に踊る。 ○一番気に入った題材といきものを選んで，踊りを見せ合う。 **7 単元を振り返り，学習のまとめをする** **8 整理運動，場の片付けをする** **9 集合，健康観察，挨拶をする**
	④ 観察	③ 観察
② 観察・学習カード	① 観察・学習カード	
		① 観察・学習カード

本時の目標と展開①（1／6時間）

本時の目標

(1) 表現遊び，リズム遊びの行い方を知ることができるようにする。
(2) よい動きを見付けたり，考えたりしたことを友達に伝えることができるようにする。
(3) 周りの安全に気を付けて踊ることができるようにする。

本時の展開

<table>
<tr><th>時間</th><th>学習内容・活動</th><th>指導上の留意点</th></tr>
<tr><td rowspan="5">5
分</td><td>1　集合，挨拶，健康観察をする
2　単元の学習の見通しをもつ
○単元の目標と学習の進め方を知る。
○運動のきまりを知る。</td><td>●掲示物を活用するなどしながら，分かりやすく説明する。</td></tr>
<tr><td colspan="2">学習のきまりの例
・周りの安全に気を付けて踊りましょう。
・誰とでもペアやグループになって仲よく踊りましょう。
・友達のよい動きを見付けましょう。
</td></tr>
<tr><td>3　本時のねらいを知り，めあてを立てる</td><td></td></tr>
<tr><td colspan="2">表現遊び「いきものランド」とリズム遊びの学習の進め方を知り，学習の見通しをもとう</td></tr>
<tr><td>○本時のねらいを知り，自己のめあてを立てる。</td><td>●学習カードを配り，使い方を説明する。</td></tr>
<tr><td rowspan="4">10
分</td><td>4　場の準備をする
○場の準備や片付けの仕方を知る。
○みんなで協力して，準備をする。</td><td>●安全な準備と片付けの仕方を説明する。
●安全に気を付けている様子を取り上げて，称賛する。</td></tr>
<tr><td colspan="2">場や用具の準備と片付けのきまりの例
・踊る場所に危険物がないか気を付けて，見付けたら先生に知らせましょう。
・踊りに使う用具などは，友達と一緒に決まった場所から安全に気を付けて運びましょう。
・安全に踊ることができるように，服装などが整っているか，気を付けましょう。
</td></tr>
<tr><td>5　心と体をほぐす
○心と体をほぐす運動遊びの行い方を知る。

○みんなで心と体をほぐす。</td><td>●けがの防止のために適切な準備運動となる心と体をほぐす運動遊びの行い方について，実際に動いて示しながら説明する。
●運動遊びに応じてゆったりとした曲や軽快なリズムの曲をかける。</td></tr>
<tr><td colspan="2">心と体をほぐす運動遊びの例
○ゆったりとした曲に合わせて，体をほぐす
上や横へ腕を伸ばす，上体を倒す・反らす，首や手首・足首を回す，
くねくねと寝転ぶ・起き上がる　など
○軽快なリズムの曲に乗って心が弾むような動作をして，心と体をほぐす
みんなで輪になって座り，輪の中心にいる教師の動きの真似をして手拍子をしたり体を動かしたりする。

・手拍子をする，頭・肩・腹を叩く，床を叩く。

・体を揺らす，頭・肩・腕・手・膝を振る・揺らす。

・横の人の肩をもむ，背中を叩くハイタッチをする。
○軽快なリズムの曲に乗って移動をして，友達と関わりながら心と体をほぐす
歩いたりスキップをしたりして移動をしながら，出会った友達と握手やタッチをする。

・二人で手をつないでスキップで弾む。

・出会った友達と片手や両手などでタッチをする。</td></tr>
</table>

10分

6　リズム遊び，表現遊び「いきものランド」をする

○みんなで，リズムに乗って即興的に踊る。

●軽快なリズムの曲をかけるとともに，リズムに乗った踊りを実際に動いて示しながら説明する。

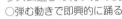

リズム遊びの行い方の例

○弾む動きで即興的に踊る

・頭・肩・腕・腰などを振る・揺らす。　・スキップで弾む。　・ねじる，回る，移動する。

○友達と調子を合わせて即興的に踊る

・二人組で手をつないで移動する，他の二人組と関わる。　・二人組で手をつないでその場で回る。

15分

○「いきものランド」の題材の特徴を知る。

○題材から思い浮かぶイメージを出し合う。

●「いきもの」のイメージが思い浮かぶイラストなどを提示する。

●出されたイメージを板書などで大まかに整理する。

「いきものランド」から思い浮かぶイメージの整理の例

いきものランド

- 野原や森のいきもの
  - ・獲物を襲うカマキリ
  - ・ひらひら飛ぶチョウ
  - ・食べ物を運ぶアリ
- 大昔のいきもの
  - ・恐竜と恐竜の戦い
  - ・のしのし歩くマンモス
  - ・卵から生まれた恐竜
- ジャングルのいきもの
  - ・川を泳ぐワニ
  - ・食べ物を探すゴリラ
  - ・獲物に近づくトラ
- 空想のいきもの
  - ・踊る骨人間
  - ・空を飛ぶドラゴン
  - ・奇妙な妖怪

○出されたイメージの表したい感じを，二人組で即興的に踊る。

戦う場面では，相手を叩いてしまうことがないように，十分な間隔をとり，相手の動きに反応して戦っているように踊りましょう。

●安全に気付けている様子を取り上げ，称賛する。

◆学習評価◆　主体的に学習に取り組む態度
④周りの安全に気を付けて踊っている。

➡　表現遊びやリズム遊びで即興的な踊りをする際に，友達とぶつからないかなど，周りの安全に気を付けている姿を評価する。（観察・学習カード）

◎安全に気を付けることに意欲的でない児童への配慮の例

➡　両腕を広げて友達との間隔に気を付けるような踊りをしたり，「他のいきものがいないか回りをよく見ましょう」など，題材と関連付けた声をかけたりすることで，楽しく活動しながらも安全に気を付けるようにするなどの配慮をする。

5分

7　本時を振り返り，次時への見通しをもつ

本時の振り返り

・リズムに乗ったりいきものになったりして踊って楽しかったことを，発表したり書いたりしましょう。

・安全のために気を付けたことを，発表したり書いたりしましょう。

・単元の学習で楽しみたいことやできるようになりたいことなど，自己のめあてを書きましょう。

○振り返りを発表して，友達に伝える。

●振り返りを発表したり学習カードに記入したりするように伝えるとともに，気付きや考えのよさ取り上げたり踊っていたときのよい動きの発表を促がしたりして，それらを称賛する。

8　整理運動，場の片付けをする

●けがないかなどを確認する整理運動について，実際に動いて示しながら説明する。

9　集合，健康観察，挨拶をする

本時の目標と展開②（2／6時間）

本時の目標

(1) 表現遊び，リズム遊びの行い方を知ることができるようにする。
(2) よい動きを見付けたり，考えたりしたことを友達に伝えることができるようにする。
(3) 誰とでも仲よくすることができるようにする。

本時の展開

時間	学習内容・活動	指導上の留意点
10分	1　**集合，挨拶，健康観察をする** 2　**本時のねらいを知り，めあてを立てる** **いろいろな踊り方を知り，リズムに乗ったり，いきものになりきったりしてみんなで楽しく踊ろう** ○本時のねらいを知り，自己のめあてを立てる。 3　**場の準備をする** ○みんなで協力して，準備をする。 4　**心と体をほぐす** ○みんなで心と体をほぐす。	●学習カードを配り，立てためあてを記入するように伝える。 ●安全な準備の仕方を確認する。 ●けがの防止のために適切な準備運動として，心と体をほぐす運動遊びを行うように，実際に動いて示しながら伝える。 ●運動遊びに応じてゆったりとした曲や軽快なリズムの曲をかける。
10分	5　**リズム遊びをする** ○リズム遊びの行い方を知る。 ○みんなで教師の踊りの真似をして，リズムに乗って即興的に踊る。	●軽快なリズムの曲をかけるとともに，いろいろな踊り方を実際に動いて示しながら説明する。（動きと動きの間はスキップでつなぐようにする。）

リズム遊びの行い方の例

○弾む動きで即興的に踊る

へそで（へそが上下・前後・左右に動くように体を動かして）リズムに乗って，弾む動きで踊りましょう。

・頭・肩・腕・腰などを振る・揺らす。

・腕・肘・膝・足などを上げる・前や横に伸ばす。

・スキップで弾んで移動する。

・肩を叩く・膝を叩くなど，体のいろいろな部位で拍子をとる。

○友達と調子を合わせて即興的に踊る

・一緒に手拍子をする。

・タッチで手拍子をする。

・手をつないで回る。

・動きの真似をする。

時間	学習内容・活動	指導上の留意点
	○リズム遊びの行い方について知ったことを発表して，友達に伝える。	●知ったことを発表していることを取り上げて，称賛する。 **◆学習評価◆　知識・技能** **②リズム遊びの行い方について，実際に動いたり書いたりしている。** ➡　軽快なリズムに乗って踊るリズム遊びの行い方について，実際に動いたり発表したり学習カードに記入したりしていることを評価する。（観察・学習カード） **◎リズム遊びの行い方を知ることが苦手な児童への配慮の例** ➡　個別に関わり，行い方のポイントについて対話しながら確認したり，自己や友達のよい動きを思い起こしたりするなどの配慮をする。

20分

6　表現遊び「いきものランド」をする

○「野原や森のいきもの」の特徴を捉えやすい場面を取り上げ，そのものになりきって即興的に踊る

● 「野原や森のいきもの」の特徴を捉えやすい場面に，多様な感じや急変する場面を入れて，簡単な話にして踊る。
● 「野原や森のいきもの」になりきりやすい曲をかける。

いきものランド「野原や森のいきもの」の特徴を捉えやすい場面の例

ミツバチは花にとまって蜜を集めているよ。上に行ったり下に行ったりカーブしたりいろいろな飛び方をしながら，見付けた花にとまって蜜を集めましょう。
大変だ！強い風が吹いてきた。飛ばされるー！

・いろいろ飛び方で，あちらこちらの花にとまって，蜜を集める。

・いろいろな方向に飛ばされたり飛ばされないようにこらえたりする。

カマキリが見付けた獲物にそろりそろりと近付いて，素早く襲いかかる！いろいろな場所で獲物を見付けよう。あれ，縄張りの中にもう一匹のカマキリがやって来たぞ。
大変だ！カマキリ同士のけんかが始まった！

・ゆっくりと獲物に近付き，素早く襲いかかる。

・近くの友達とかまを使って戦ったり逃げたりする。

○「野原や森のいきもの」のなりたいいきものを選び，いきものになりきって場を移動しながら，友達と関わって即興的に踊る。

● 誰とでも仲よくしている様子を取り上げて，称賛する。

◆学習評価◆　主体的に学習に取り組む態度
②誰とでも仲よくしようとしている。

➡　友達と関わって即興的な踊りをする際に，仲よくしようとしている姿を評価する。（観察・学習カード）

◎友達と仲よくすることに意欲的でない児童への配慮の例

➡　**個別に関わり，真似をするように促して一緒に踊ったり，他の児童と一緒に数人で関わって踊るようにするなどの配慮をする。**

○教師の「大変だ！○○だ！」に合わせて，急変する場面を即興的に踊る。

● 池に落ちた，○○が襲ってくる，強風に飛ばされるなど，どのいきものでも変化を付けて楽しく踊る場面を提示する。

5分

7　本時を振り返り，次時への見通しをもつ

本時の振り返り
・リズム遊びや「いきものランド」で楽しく踊ることができた踊り方を，発表したり書いたりしましょう。
・友達と仲よくできたことを，発表したり書いたりしましょう。

○振り返りを発表して，友達に伝える。

● 振り返りを発表したり学習カードに記入したりするように伝えるとともに，気付きや考えのよさ取り上げたり踊っていたときのよい動きの発表を促がしたりして，それらを称賛する。

8　整理運動，場の片付けをする

● 適切な整理運動を行うように，実際に動いて示しながら伝えるとともに，けががないかなどを確認する。

9　集合，健康観察，挨拶をする

本時の目標と展開③（4／6時間）

本時の目標

(1) 軽快なリズムの音楽に乗って弾んで踊ったり，友達と調子を合わせたりして即興的に踊って遊ぶことができるようにする。
(2) よい動きを見付けたり，考えたりしたことを友達に伝えることができるようにする。
(3) 表現リズム遊びに進んで取り組むことができるようにする。

本時の展開

時 間	学習内容・活動	指導上の留意点
10分	1　集合，挨拶，健康観察をする 2　本時のねらいを知り，めあてを立てる	
	簡単な踊り方を工夫して，リズムに乗ったり，いきものになりきったりしてみんなで楽しく踊ろう	
	○本時のねらいを知り，自己のめあてを立てる。	●学習カードを配り，立てためあてを記入するように伝える。
	3　場の準備をする ○みんなで協力して，準備をする。	●安全な準備の仕方を確認する。
	4　心と体をほぐす ○みんなで心と体をほぐす。	●けがの防止のために適切な準備運動として，心と体をほぐす運動遊びを行うように，実際に動いて示しながら伝える。 ●運動遊びに応じてゆったりとした曲や軽快なリズムの曲をかける。
10分	5　リズム遊びをする ○簡単な踊り方を工夫して即興的に踊ったり，簡単なフォークダンスをみんなで踊ったりする。	●軽快なリズムの曲をかけるとともに，簡単な踊り方を工夫していることを取り上げて，称賛する。 ●フォークダンスは，易しい踊りを1つ取り上げて，実際に動いて示しながら踊り方を説明する。

リズム遊びの行い方の例

○簡単な踊り方を工夫する

・体をねじるなど，動き方を工夫する。

・肘と膝を合わせて拍子をとるなど，体の使い方を工夫する。

・スキップをしながら回ったりねじったりするなど，弾み方を工夫する。

・お尻でタッチするなど，友達とのタッチの仕方を工夫する。

・交互に前と後ろに動くなど，友達との調子の合わせ方を工夫する。

・近づいたり離れたりするなど，場の使い方を工夫する。

○簡単なフォークダンスを1つ選んでみんなで踊る（資料参照）
・ジェンカ（フィンランド），キンダーポルカ（ドイツ），タタロチカ（ロシア）など

時 間	学習内容・活動	指導上の留意点
		◎リズムに乗って踊ることが苦手な児童への配慮の例 ➡　友達や教師の動きの真似をしながら，リズムに合わせてスキップで弾んだり，かけ声や手拍子を入れたりして踊るなどの配慮をする。
	○友達のよい動きを見付けたり，考えたりしたことを伝える。	●見付けたり考えたりしたことを伝えていることを取り上げて，称賛する。

時間	学習活動	指導上の留意点
20分	**6　表現遊び「いきものランド」をする** ○「大昔のいきもの」の特徴を捉えやすい場面を取り上げて，そのものになりきって即興的に踊る	●「大昔のいきもの」の特徴を捉えやすい場面に，多様な感じや急変する場面を入れて，簡単な話にして踊る。 ●「大昔のいきもの」を想像することができるイラストなどを掲示するとともに，「大昔のいきもの」になりきりやすい曲をかける。

いきものランド「大昔のいきもの」の特徴を捉えやすい場面の例

恐竜の赤ちゃんはまだ卵の中。殻を破って出てきたよ。のしのし歩いてお母さん恐竜を探していると，きょうだいの恐竜も卵から出てきて歩き始めたよ。
大変だ！初めてのきょうだいげんかが始まった！

・ゆっくりと殻を破って出てくる，のしのしと周りを歩く。

大変だ！

・近くの友達と手や口や尾などを使って戦ったり，逃げたりする。

プテラノドンが大きな翼を広げて風に乗ったり，羽ばたいたりして空を自由に飛んでいるよ。疲れたら岩や木の上にとまって羽を休ませ，また元気に飛んでいこう。
大変だ！強い風が吹いてバランスを崩した！

・羽ばたいたり，羽を広げたりして飛ぶ，岩や木にとまって羽を休める。

大変だ！

・風に吹き飛ばされたり，回ったりする，風に逆らって必死に飛ぶ。

時間	学習活動	指導上の留意点
	○友達のよい動きを見付けたり，考えたりしたことを伝える。	●見付けたり考えたりしたことを伝えていることを取り上げて，称賛する。 **◆学習評価◆　思考・判断・表現** **②よい動きを見付けたり，考えたりしたことを友達に伝えている。** ➡ 踊ったり友達の踊りを見たりして，よい動きを見付けたり考えたりしたことを，発表したり学習カードに記入したりしていることを評価する。（観察・学習カード） **◎見付けたり考えたりしたことを伝えることが苦手な児童への配慮の例** ➡ 個別に関わり，友達のよい動きを見付けたことや考えたことを聞き取って友達に伝えることを支援したり，友達と二人で伝え合う場面を設けたりするなどの配慮をする。
	○「大昔のいきもの」のなりたいいきものを選び，いきものになりきって場を移動しながら，友達と関わって即興的に踊る。	
5分	**7　本時を振り返り，次時への見通しをもつ**	

本時の振り返り
・リズム遊びや「いきものランド」で楽しく踊ることができた踊り方を，発表したり書いたりしましょう。
・踊っていてよい動きを見付けたり考えたりしたことを，発表したり書いたりしましょう。

時間	学習活動	指導上の留意点
	○振り返りを発表して，友達に伝える。	●振り返りを発表したり学習カードに記入したりするように伝えるとともに，気付きや考えのよさ取り上げたり踊っていたときのよい動きの発表を促がしたりして，それらを称賛する。
	8　整理運動，場の片付けをする	●適切な整理運動を行うように，実際に動いて示しながら伝えるとともに，けがないかなどを確認する。
	9　集合，健康観察，挨拶をする	

本時の目標と展開④（6／6時間）

本時の目標

(1) 身近な題材の特徴を捉え，そのものになりきって全身で即興的に踊って遊ぶことができるようにする。
(2) 課題の解決のために考えたことを友達に伝えることができるようにする。
(3) 表現リズム遊びに進んで取り組むことができるようにする。

本時の展開

時間	学習内容・活動	指導上の留意点
10分	1　**集合，挨拶，健康観察をする** 2　**本時のねらいを知り，めあてを立てる** **楽しいリズムの曲や「いきものランド」のお話を選んで踊って，学習のまとめをしよう** ○本時のねらいを知り，自己のめあてを立てる。 3　**場の準備をする** ○みんなで協力して，準備をする。 4　**心と体をほぐす** ○みんなで心と体をほぐす。	●学習カードを配り，立てためあてを記入するように伝える。 ●安全な準備の仕方を確認する。 ●けがの防止のために適切な準備運動として，心と体をほぐす運動遊びを行うように，実際に動いて示しながら伝える。 ●運動遊びに応じてゆったりとした曲や軽快なリズムの曲をかける。
10分	5　**リズム遊びをする** ○楽しく踊ることができた曲をみんなで選んで，リズムに乗って即興的に踊る。 ○曲が変わったら一緒に踊る友達も替えて，いろいろな友達と関わって踊る。 **3曲を続けて踊る行い方の例** ○1曲目 ・教師の真似をしながら，みんなで踊る ・友達と二人組になり，一緒に踊る ○2曲目（1曲目に続けて） ・二人組の相手を替えながら，即興的に踊る ○3曲名（2曲目に続けて） ・みんなで円をつくり，順番にその中で踊る友達を拍手で盛り上げたり，その踊り方の真似をしてみんなで踊ったりする。	●みんなで気に入った3曲程度を選び，選んだ曲を短めにしながら続けてかける。 ●進んで取り組もうとしている様子を取り上げて，称賛する。 **◆学習評価◆　主体的に学習に取り組む態度** **①表現リズム遊びに進んで取り組もうとしている。** ➡　軽快なリズムに乗ったり「いきものランド」の題材の特徴を捉えたりして即興的に踊ることなどに進んで取り組もうとしている姿を評価する。（観察・学習カード）
15分	6　**表現遊び「いきものランド」をする** ○気に入った題材といきものを選んで，即興的に踊る。 ○途中に，気に入った「大変た！○○だ！」の場面を入れて，変化を付けて楽しく踊る。 ○題材が変わったら一緒に踊る友達も替えて，いろいろな友達と関わって踊る。 ○一番気に入った題材といきものを選んで，踊りを見せ合う。	●各時間に使った曲をそれぞれ短めにつないだ曲をかける。 **◆学習評価◆　知識・技能** **③身近な題材の特徴を捉え，そのものになりきって全身で即興的に踊って遊ぶことができる。** ➡　軽快なリズムに乗ったり「いきものランド」の題材の特徴を捉えたりして即興的に踊ることなどに進んで取り組もうとしている姿を評価する。（観察・学習カード）
10分	7　**単元を振り返り，学習のまとめをする** **単元の学習の振り返り** ・単元の学習で楽しかったことやできるようになったことを，発表したり書いたりしましょう。 ・学習したことで，今後も取り組んでいきたいとことを，発表したり書いたりしましょう。 ○振り返りを発表して，友達に伝える。 8　**整理運動，場の片付けをする** 9　**集合，健康観察，挨拶をする**	●振り返りを発表したり学習カードに記入したりするように伝えるとともに，気付きや考えのよさ取り上げたり踊っていたときのよい動きの発表を促がしたりして，それらを称賛する。 ●適切な整理運動を行うように，実際に動いて示しながら伝えるとともに，けががないかなどを確認する。

2学年間にわたって取り扱う場合

【第1学年における指導と評価の計画（例）】

時間	1	2	3	4	5	6
ねらい	学習の見通しをもつ	表現遊びとリズム遊びの行い方を知り，簡単な踊り方を工夫して，みんなで楽しく踊る				学習のまとめをする
学習活動	オリエンテーション ○学習の見通しをもつ ・学習の進め方 ・学習のきまり ○リズム遊び ○表現遊び 「動物ランド」から思い浮かぶイメージをみんなで踊る	リズム遊び ○軽快なリズムの曲に乗って踊る 教師や友達の動きの真似をしたり気に入った動きをつないだりして踊る				学習のまとめ ○リズム遊び 楽しく踊った曲を選んでみんなで踊る ○表現遊び 楽しくできた題材を選んで踊りを見せ合う ○学習のまとめをする
		表現遊び ○「動物ランド」の特徴的な動きをみんなで踊る 提示された動物の特徴を捉えて，簡単な踊り方を工夫して即興的に踊る				
		【動物園の動物】 ・鼻が器用に動くゾウ ・食いしん坊のゴリラ ・羽を広げて歩くクジャク	【山や森の動物】 ・川で魚を捕るクマ ・崖を駆け登るシカ ・獲物に飛びかかるフクロウ	【　海の動物　】 ・形を変えるタコ ・泳ぎの得意なペンギン ・獲物をねらうサメ	【身近な自然の動物】 ・エサをついばむハト ・オタマジャクシからカエル ・けんかをするザリガニ	
		○「大変だ！○○だ！」で急変する場面を入れて，二人組で簡単な話にして踊る				
評価の重点　知識・技能		② 観察・学習カード	① 観察・学習カード		④ 観察	③ 観察
評価の重点　思考・判断・表現				② 観察・学習カード	① 観察・学習カード	
評価の重点　主体的に学習に取り組む態度	④ 観察・学習カード	② 観察・学習カード	③ 観察・学習カード			① 観察・学習カード

【幼児期の運動遊びとの円滑な接続を図るための工夫（例）】

● 「軽快なリズムに乗って踊る」，「題材の特徴を捉えてなりきって踊る」ために

幼児期の運動遊びの経験や発達の段階により，低学年の児童は様々なものになりきりやすく律動的な動きを好むことから，表現リズム遊びの単元は1時間の授業の中に「リズム遊び」と「表現遊び」を組み合わせた例を示しています。低学年のはじめは，リズム遊びは，教師の動きを真似して弾んで踊る活動，表現遊びでは，児童にとって身近で具体的な動きを捉えやすい「動物」を題材にしていろいろな動物になりきって踊る活動をしましょう。

（例）軽快なリズムに乗って，教師の真似をして踊る
　教師の真似をしてみんなで踊る。軽快なリズムに乗る動きとして，スキップやジャンプ，足踏みや簡単なステップとともに手を上げたり回したり広げたりする，しゃがんだり回ったり移動したりするなどいろいろな動きを教師が実際に踊りながら示すようにする。

（例）動物園の動物，山や森の動物，海の動物，身近な自然の動物になりきって踊る
　児童が特徴を捉えやすい題材を提示する。例の他にも児童の生活環境や校外学習で訪れた場所など学校の実態に応じて題材や題材を提示する順序を工夫する。

【第1学年において重点を置いて指導する内容（例）】

● 知識及び技能

リズム遊びでは，教師や友達の真似をしながら踊ることで，軽快なリズムの曲に合わせてへそ（体幹部）を中心にリズムに乗って踊ることができるようにしましょう。表現遊びでは，ゴリラ，フクロウ，タコ，ザリガニといった動きの特徴が異なる動物になりきることで，跳ぶ，回る，ねじる，這う，素早く走る，高・低の差や速さに変化のある動きなどの全身の動きで即興的に踊ることができるようにしましょう。

● 思考力，判断力，表現力等

リズム遊びでは，教師や友達の真似をして踊る中で，自己が気に入った踊りを見付けることができるようにしましょう。表現遊びでは，いろいろな生き物になりきる中で，行いたい様子を選んだりそれにふさわしい動きを見付けたりすることができるようにしましょう。また，気に入った動きを発表する場面を設定することで，見付けたこと伝える力を育成しましょう。

● 学びに向かう力，人間性等

題材の特徴を捉えてそのものになりきって全身で踊ったり軽快なリズムの音楽に乗って弾んで踊ったりすることに進んで取り組もうとすることができるように，楽しい動きを紹介したり友達と仲よく関わる場面を設けたりしましょう。また，楽しく踊りながらも友達とぶつからないようにするなど，周りの安全に気を付けることができるようにしましょう。

「小学校体育（運動領域）指導の手引～楽しく身に付く体育の授業～」作成協力者名簿

（職名は令和４年３月現在）

大　庭　昌　昭	新潟大学大学院教育実践学研究科　准教授
杉　森　弘　幸	岐阜大学教育学部　教授
鈴　木　　聡	東京学芸大学教育学部　教授
高　田　彬　成	帝京大学教育学部　教授
寺　山　由　美	筑波大学体育系　准教授
日　野　克　博	愛媛大学教育学部　教授
細　越　淳　二	国士舘大学文学部　教授
水　島　宏　一	日本大学文理学部　教授
三田部　　勇	筑波大学体育系　准教授
三　輪　佳　見	宮崎大学大学院教育学研究科　教授
村　瀬　浩　二	和歌山大学教育学部　教授
山　口　孝　治	佛教大学教育学部　教授
安　江　美　保	ノートルダム清心女子大学人間生活学部　准教授
吉　永　武　史	早稲田大学スポーツ科学学術院　准教授

（五十音順）

なお、スポーツ庁においては、次の者が本書の編集に当たった。

藤　岡　謙　一	スポーツ庁政策課学校体育室　室長
塩　見　英　樹	スポーツ庁政策課　教科調査官
古　市　　智	スポーツ庁政策課学校体育室　室長補佐
斎　藤　祐　介	スポーツ庁政策課学校体育室指導係（併）保健教育係　係長
後　藤　尚　道	スポーツ庁政策課学校体育室指導係（併）保健教育係

小学校体育（運動領域）指導の手引【低学年】
～楽しく身に付く体育の授業～

令和5年10月1日　　初版第1刷発行

著作権所有　　スポーツ庁　編著

発行者　　東京都千代田区神田錦町2-9-1
コンフォール安田ビル2階
株式会社　東洋館出版社
代表者　錦織　圭之介

印刷者　　東京都豊島区池袋4-32-8
株式会社　シナノ

発行所　　東京都千代田区神田錦町2-9-1
コンフォール安田ビル2階
株式会社　東洋館出版社
電話　03-6778-7278

Printed in Japan

ISBN978-4-491-05360-8

定価：本体1,900円
（税込2,090円）税10%